Einaudi Ragazzi di oggi

Illustrazione di copertina: Lorenzo Conti

San Dorligo della Valle (Trieste)
ISBN 978-88-6656-487-4

www.edizioniel.com

FREDIANO SESSI

AUSCHWITZ SONDERKOMMANDO

TRE ANNI NELLE CAMERE A GAS

Einaudi Ragazzi di oggi

PRIMA PARTE
Auschwitz I

1. Nel lager di Gunskirchen, il giorno della liberazione

Quando, nel pomeriggio di venerdí 4 maggio 1945, il capitano J.D. Pletcher, della 71ª divisione di fanteria d'assalto americana, raggiunse il lager di Gunskirchen, sottocampo di lavoro e punizione dipendente da Mauthausen, nel distretto di Wels-Land, in Alta Austria, tra i boschi e i terreni coltivati, non sentí aria di primavera. Degli uomini delle SS a guardia del sito, nemmeno l'ombra. Erano fuggiti, nel corso della mattinata, dopo avere rinchiuso i detenuti nelle baracche. Erano tedeschi e austriaci, uomini crudeli, ma non piú adatti a combattere, perché, come ha scritto Bruno Vasari, deportato a Mauthausen nel dicembre del 1944, si trattava di «vecchi, affetti da reumi o sdentati, trasferiti d'ufficio nel corpo delle SS per compiere servizi territoriali, dopo che gran parte dei giovani era stata inviata al fronte» e, forse, per questo non avevano rispettato l'ordine di uccidere tutti i prigionieri con raffiche di mitragliatrice. Un gesto di pietà dopo tanta violenza? Tra i deportati ancora in vita circolava il sospetto che il loro atto di umanità fosse legato in parte alla paura di essere colti sul fatto dalle truppe alleate e in parte alla speranza di essere riconosciuti come ribelli al regime hitleriano in caso di arresto e processo, nel dopoguerra. Pur avendo aderito al nazismo e al suo progetto criminale, si lasciavano sfuggire segni del loro impaziente desiderio di tornarsene a casa, per nascondere cosí le loro colpe e riprendere la normalità quotidiana come niente fosse.

Nell'Arbeitskommando di Gunskirchen erano finiti migliaia di ebrei ungheresi (circa diciottomila, secondo il rapporto del comando americano) provenienti da Auschwitz (liberato dalle truppe sovietiche il 27 gennaio 1945), ma anche altri deportati, incaricati dei lavori di ampliamento del lager, ed ebrei di nazionalità diverse che, dopo lunghe ed estenuanti marce forzate, perché ancora adatti al lavoro e in buona salute, erano giunti qualche settimana prima nei campi di Gusen I e Mauthausen.

Gli uomini classificati come «tecnici», addetti alla costruzione di nuove baracche, alloggiavano in una scuola, nel centro della città, distante due chilometri dal lager, immerso nel fango di un bosco di conifere.

Ecco che cosa ricorda di quei momenti Ludovico Barbiano di Belgiojoso, un prigioniero antifascista italiano: «Giungeva sempre piú intenso il rumore dei carri armati, cadenzato da qualche colpo di armi da fuoco. La scuola era in posizione leggermente sopraelevata e, malgrado la proibizione, scostammo le imposte, in modo da vedere i soldati americani arrivare. Erano sciami: tantissimi, ci parve. [...] Scavalcando i corpi dei morti e dei morenti, mi precipitai giú dalle scale per aprire la porta ai liberatori». Nel tragitto tra la camerata e l'ingresso, un kapo austriaco si accaní su di lui picchiandolo violentemente con un bastone. Ma la felicità della tanto desiderata liberazione era tale che anche le botte non avevano spento il suo entusiasmo.

Dopo la scuola, i soldati americani si avvicinarono al lager. L'avanguardia che si muoveva su grosse jeep si accorse di essere vicino al sito, in mezzo al bosco, a causa di un odore forte e pervasivo, un fetore di escrementi umani, di corpi morti, di fumo denso, spesso mescolato all'aria umida di quel bosco fitto e fangoso. Poi, in lontananza, in mezzo a una radura apparvero i primi reticolati del lager sovrastati da una nebbia di morte. Nel rapporto, l'ufficiale responsabile scrisse: «Non appena attraversammo il cancello ed entrammo nel recinto del campo, uomini ridotti a scheletri viventi, ma ancora in grado di camminare si affollarono a centinaia intorno a noi [...]. Non è una esagerazione affermare che quasi ogni prigioniero era pazzo per la fame [...]. Quelli che non riuscivano a camminare strisciavano nel fango per raggiungere i liberatori, con sofferenza», allungando le mani e spalancando gli occhi pieni di lacrime alla ricerca di aiuto. In tanti, circa tremila secondo il rapporto degli ufficiali americani, si erano riversati nei sentieri del bosco per raggiungere il primo centro abitato e cercare un mezzo per fare immediato rientro a casa. Medici, infermieri e personale femminile sanitario al seguito delle truppe cercarono di dissuaderli. In quelle condizioni sarebbero morti di fame e di stenti: dovevano tornare indietro, farsi curare, sfamarsi. Solo in seguito avrebbero potuto pensare al ritorno.

Alle truppe americane ci volle poco a organizzare il ritorno alla normalità: l'acqua potabile, che nel lager mancava, fu fatta arrivare in grandi botti su carri trainati da cavalli. Nelle vicinanze del paese venne scoperto un magazzino alimentare dell'esercito tedesco, che conteneva pasta, patate, carne e latte in scatola, zuppe e altri alimenti. Un centinaio di civili austriaci furono obbligati a dare una mano al personale sanitario per rifornire le cucine del campo e preparare i pasti, lavare la biancheria e ripulire le baracche.

Fu proprio durante un'ispezione in una baracca al limite del bosco che una giovane infermiera scorse un prigioniero, poco piú che ventenne, nascosto su una trave di legno che sosteneva il tetto.

Nella speranza che fosse ancora in vita, Johanna, questo era il nome della ragazza, provò a chiamarlo.

Sentendo una voce femminile, cosí insolita nel lager, l'uomo aprí gli occhi e guardò verso il basso. Subito vide un camice bianco e una croce rossa. Poi, mise a fuoco una testa tonda di capelli neri e lunghi.

Da giorni Filip – era questo il nome del giovane – se ne stava disteso su una delle travi del tetto, coperto fino al mento da un panno di lana, pieno di insetti e pulci, e legato stretto al legno con una corda, per non rischiare di cadere. Un volo di piú di tre metri gli sarebbe stato fatale.

Da diversi giorni si era nascosto per evitare che l'SS Johann Gorges, uno dei piú temibili sorveglianti degli uomini del Sonderkommando («squadra speciale») di Auschwitz, lo riconoscesse e lo facesse fucilare. Filip era riuscito a infilarsi tra la folla dei detenuti che venivano trasferiti da Birkenau in altri lager ed era cosí sfuggito all'eliminazione di quasi tutti i membri della squadra speciale addetti alle camere a gas e ai forni crematori. Pochi altri avevano tentato quella stessa via di fuga per salvarsi, ma qui, nel lager di Gunskirchen, era arrivato solo lui. E Gorges lo conosceva bene.

– Se riesci a scendere dal tetto, – gli disse Johanna, con voce gentile, – posso prendermi cura di te. In caso contrario, andrò a chiedere aiuto...

– E le SS, i kapo, dove sono finiti? – chiese Filip.

– Molti sono scappati, altri sono stati arrestati e portati alla prigione di Wels. Adesso sono i soldati americani a presidiare il campo, con lo scopo di aiutare i prigionieri a tornare alle loro case. Sei libero! Credimi, sei finalmente libero! E io ti voglio aiutare, curare...

Quando si era nascosto sulla trave, Filip aveva portato con sé pane, carne salata e alcune patate che aveva nascosto nella camicia. Con il passare dei giorni, però, sebbene continuasse a mangiare non per sfamarsi ma per sopravvivere, le scorte erano finite e la sua volontà di vivere faceva i conti, un'ora dopo l'altra, con un graduale ma continuo deperimento fisico e morale.

Il tempo gli era sembrato immobile e i rumori della battaglia sempre piú lontani. Non si accorse nemmeno che la baracca era ormai vuota e che nei paglierici erano rimasti soltanto i morti. Viveva in uno stato di sonnolenza.

Con quel poco di voce che gli rimaneva gridò: – Siamo liberi, compagni... finalmente siamo liberi!

Per tre interminabili anni aveva aspettato quel giorno, da quel lontano 13 aprile 1942, quando aveva fatto il suo ingresso ad Auschwitz insieme a 1136 ebrei slovacchi della città di Sered' – 694 uomini e 443 donne –, che ricevettero rispettivamente i numeri di matricola dal 28903 al 29596 (i maschi) e dal 4761 al 5203 (le femmine). Aveva vissuto per quel giorno, e adesso che una giovane donna gli annunciava la liberazione, la notizia gli sembrava priva di significato. Non provava alcuna gioia, alcuna emozione.

Con le forze che gli restavano, Filip si lasciò scivolare fino a terra e a quattro zampe raggiunse l'infermiera che gli sorrideva da dietro gli occhiali da miope, pronta a prendersi cura di lui.

Le disse: – Ormai sono solo un relitto vivente, l'ombra di me stesso. Vedi? Non riesco nemmeno a piangere o a gridare di gioia. Tutto, tutto ciò che era vivo in me ora è spento, forse per sempre.

Johanna lo aiutò ad alzarsi in piedi e a camminare fino all'ospedale del campo.

– Troverai di nuovo la felicità e la gioia... Te lo assicuro. Ora noi... io mi prenderò cura di te!

Per la prima volta Filip guardò Johanna negli occhi. Poi, con un filo di voce, disse: – Non potrò mai dimenticare quello che ho fatto e quello che ho visto a Birkenau... Auschwitz, intendo.

– Perché dici questo? Il tempo... – rispose Johanna.

Non riuscí a terminare la frase perché lui le disse: – Se vorrai ascoltarmi ti dirò perché. Ho vissuto tre anni della mia vita tra i forni crematori e le camere a gas.

2. Sered', aprile 1942

Lavato e sbarbato, cosparso di unguento lenitivo, per curare le ferite e i pomfi causati dai parassiti che avevano abitato vestiti, coperte, giacigli e baracche in gran quantità, Filip dormiva finalmente tra lenzuola bianche e pulite, in una branda militare tutta per lui. L'aria della camerata era profumata e ogni mattina alcuni infermieri aprivano le finestre per lasciare entrare il tiepido calore dei raggi del primo sole primaverile.

Due o tre volte al giorno Johanna passava a trovarlo e gli portava del cibo caldo, tè o caffè, e parole di conforto.

– Sai, Filip, ti farebbe bene parlare dei giorni trascorsi ad Auschwitz. Io sono qui per ascoltarti... Ci vorrà del tempo per rimetterti in salute, e non basteranno le cure dei medici. Devi volerlo con tutte le forze.

Da giorni Johanna insisteva per fare uscire da quel terribile segreto la storia di Filip. Poi pensò che doveva essere un grumo di dolore e di vergogna, di rabbia e di sofferenza cosí grosso, inimmaginabile per lei che non sapeva nemmeno dell'esistenza dei campi di sterminio nazisti e delle squadre speciali di ebrei addetti alle camere a gas e ai forni crematori, che forse sarebbe stato utile partire dalle domande piú semplici. Aprire un piccolo varco dal quale fare uscire le parole.

Capiva però che la realtà in cui aveva vissuto Filip per tre anni aveva superato ogni possibile immaginazione. Per questo gli riusciva difficile raccontarla.

– Mi chiamo Johanna Schwarz. Conosci la mia lingua, e ti sarai accorto che il mio cognome è proprio adatto a me: *Schwarz* rimanda all'espressione «dai capelli neri», *Schwarzhaarig*! E tu come ti chiami?

– Filip Müller, sono nato in Slovacchia, a Sered', una piccola città non lontana da Bratislava... – Parlava a bassa voce, senza troppa fatica, cercando le parole giuste nella lingua dei suoi oppressori.

– Forse è meglio che ti aiuti a sedere sul letto... ecco, cosí potremo anche guardarci negli occhi! E che cosa facevi a Sered'?

– Studiavo musica. Ero allievo del professor Rihak, del

conservatorio di Trnava, una città vicina, dove ho anche frequentato il liceo.

– E che strumento suoni?

– Vuoi dire «suonavi», perché ora le mie mani... – Si commosse e pianse nascondendosi il viso. – Le mie mani non riusciranno piú a toccare e far vibrare le corde di un violino.

– Quanti anni hai? – riprese Johanna. – Io ho da poco compiuto vent'anni e faccio... ho studiato per fare l'infermiera. Sono qui perché non ho mai aderito al partito nazista. Mio padre è un pastore protestante ed è stato costretto al silenzio dai gerarchi del posto... Non aveva piú lavoro e siamo riusciti a cavarcela solo grazie a quello di mia madre. Anche in guerra c'è bisogno di una sarta. Mio fratello Albert è riuscito a tornare dal fronte russo, in seguito a una ferita alla gamba non grave, e poi si è dato alla macchia, unendosi alla resistenza. Di lui ancora non abbiamo notizie e siamo in pena... Quando ne parliamo, a casa, la mamma piange. Ma io sono ottimista, so che tornerà! Come vedi, con me puoi parlare, non faccio parte di coloro che hanno sostenuto il regime di Hitler –. La sua voce era dolce e decisa, il viso sorridente, l'espressione sincera.

Filip le sorrise e riprese il suo racconto: – Avevo da poco compiuto vent'anni quando sono stato internato ad Auschwitz.

– Allora adesso ne hai ventitre... una lunga vita ti aspetta. Devi assolutamente tornare a sperare.

Stregato dagli occhi e dal sorriso di Johanna e dalla sua semplicità, Filip continuò.

– Poco prima dello scoppio della Seconda guerra mondiale, Hitler, per dare corpo al disegno di una Grande Germania e iniziare la sua conquista dell'Europa, «incoraggiò» la formazione di un governo slovacco indipendente, ma in tutto e per tutto «satellite» del grande Reich.

«La Slovacchia cosí risorta era un piccolo paese di 2 650 000 abitanti, dei quali circa novantamila erano ebrei. Jozef Tiso, presidente del nuovo Stato slovacco, con i membri del suo governo si diede subito da fare per pagare i debiti di riconoscenza nei confronti degli amici tedeschi. Cominciò quindi a occuparsi della «questione ebraica». Come era accaduto in Germania e negli altri paesi raggiunti e occupati dai tedeschi, tutti gli ebrei dovevano essere esclusi dai posti dirigenziali e di lavoro, pubblici e privati, perché la nuova Europa nazista doveva essere *Judenrein*, «senza ebrei». E cosí fu, in pochi mesi, anche in Slovacchia. Era necessario sbarazzarsi degli imprenditori ebrei e licenziare tutti i dirigenti pubblici e privati di religione ebraica. Anche i liberi professionisti (per esempio medici e avvocati) furono colpiti dal divieto di esercitare la loro attività se ebrei. Vennero confiscati tutti i beni di proprietà (case, terreni, industrie, attività commerciali ecc.) e alla fine, nell'autunno del 1941, entrarono in scena i campi di lavoro coatto, proprio quando la maggior parte di noi ebrei aveva perso il lavoro, e con esso la possibilità di sopravvivere. I tre campi principali erano Sered', Nováky e Vyhne, cui erano collegati altri otto centri. I campi di lavoro raggruppavano intere famiglie, anche se molti ebrei, con l'obbligo della residenza e di svolgere un'attività utile al nuovo Stato, si trovavano ancora in abitazioni urbane e contadine.

– Anche in Austria, – disse Johanna, – già dal 1938 annessa alla Germania, vennero attuate queste procedure contro gli ebrei e contro gli oppositori. In pochi furono risparmiati! Uno dei lager piú duri di tutto il Reich tedesco è proprio qui, a Mauthausen, con i suoi sottocampi e commando di lavoro e punizione. Un vero e proprio mondo a parte fatto di tanti campi di concentramento di cui tu stesso hai sperimentato la violenza.

– Quando fummo costretti a trasferirci, con un misero bagaglio, nel campo di transito per ebrei di Sered', noi giovani eravamo pronti alla ribellione e alla fuga. Ma capimmo subito che se non fossimo rimasti al nostro posto, la guardia di Hlinka, i fascisti slovacchi che imitavano le SS tedesche, se la sarebbe presa con i nostri familiari... Eravamo in gabbia, costretti a un lavoro faticoso e non retribuito, per un tozzo di pane, e non potevamo ribellarci...

«Allora tentammo di darci da fare per organizzare almeno una parvenza di vita normale. Il campo, con le sue baracche, era una città fantasma, ma cercammo di farlo diventare un luogo dove fosse possibile almeno sopravvivere. Io insegnavo a suonare il violino ai bambini e ai ragazzi delle famiglie internate. Altri cercavano di coltivare ortaggi e verdure in un orto improvvisato, altri ancora lavoravano nelle cucine per migliorare il poco cibo che ci veniva distribuito, e c'erano scuole clandestine, momenti di divertimento, musica, teatro, giochi nelle baracche e all'aperto. C'era anche un consiglio ebraico, uomini saggi guidati da Alexander Pressburger che trattarono con i tedeschi e con il governo slovacco per ottenere piú cibo e condizioni abitative e sanitarie accettabili.

3. Il viaggio e i primi giorni al campo

– Il mio soggiorno nel campo di Sered' durò poco. Periodicamente, i nostri carcerieri, in accordo con il consiglio ebraico, compilavano delle liste di deportazione. Si diceva che dovevamo andare a lavorare in Germania o in qualche località non meglio precisata all'Est, per aiutare i nazisti a conquistare l'Europa. Non avevamo scelta. Se finivi nell'elenco, dovevi partire. Fin da subito fu comunque molto strano il modo in cui venivano compilate le liste. Erano compresi bambini, donne incinte, anziani, disabili e malati. Che lavoro potevano mai svolgere? Il consiglio ebraico non rispose mai a questa domanda. In ogni caso, bisognava partire, salire sul treno.

Il viaggio e i primi giorni al campo

Una volta chiuso il portellone del vagone merci, Filip si rese conto che non aveva piú possibilità di scelta. Erano stati caricati come bestie e la promessa di un lavoro e di una nuova vita lontano da Sered', pur al servizio della nazione tedesca, sembrava una menzogna. Un'illusione che aveva annebbiato la capacità di ragionare non solo dei suoi concittadini ebrei che erano stati caricati sul treno con tutta la famiglia, neonati e vecchi genitori compresi (come se quel viaggio fosse un esodo), ma anche dei giovani come lui che, stanchi della vita di stenti e di violenze al campo, avevano dato credito alle parole del loro governo e degli alleati nazisti. «Per vincere la guerra e dare vita alla nuova Europa abbiamo bisogno di tutti, di braccia e di entusiasmo, di idee e di fedeltà alla causa... Chi metterà a disposizione il suo lavoro per la vittoria del nostro Führer, Adolf Hitler, sarà ricompensato... solo i disfattisti, gli oppositori e i nemici saranno puniti e sterminati».

Sterminati! Questa parola aveva fatto presa nella mente di Filip perché da mesi, anche nella piccola città di Sered', circolavano certe voci circa la sorte di molti degli ebrei deportati. Si diceva che venissero fucilati in massa, nei territori appena conquistati dell'Unione Sovietica, per essere sepolti poi senza nome in grandi fosse comuni, e che l'esercito tedesco avesse al seguito dei camion speciali, con i quali ebrei e disabili venivano trattati con il monossido di carbonio, cioè il gas di scarico dei motori, per finire poi anche loro in anonime fosse comuni.

Filip era turbato, proprio come gli altri giovani ebrei di Sered' saliti sul treno con lui. Non certo volontariamente, ma comunque senza opporre alcuna resistenza, senza un tentativo di fuga. Poi pensò che suo padre, nel febbraio del 1942, stanco degli intrighi della guardia di Hlinka e dell'estrema indigenza in cui stava precipitando la famiglia, si era offerto di partire per andare a lavorare all'Est... Una destinazione generica, senza dubbio, ma una certezza per chi, da almeno un anno, a causa della persecuzione, aveva perso ogni possibilità di lavoro in patria.

Johanna, seduta sul letto di Filip, ascoltava in silenzio. La ricostruzione dei fatti accaduti era lucida, dettagliata. Il giovane violinista sembrava un fiume in piena.

– Quanto durò il tuo viaggio?

– Anche se non lo sapevamo, avevamo poco piú di trecentosessanta chilometri da percorrere. Rimanemmo stipati nei carri merci quasi un giorno intero, dall'alba al tramonto. Spesso il treno si fermava per lasciare passare le tradotte militari. Avevamo sete, perché nessuno ci aveva detto di portare dell'acqua. Pensavamo che di tanto in tanto il treno si sarebbe fermato, per consentirci di bere un po' d'acqua fresca e di fare i nostri bisogni... Ma non fu cosí. Quando aprirono il portellone del carro merci, era buio e non eravamo in una stazione...

«C'erano uomini in divisa da SS, urlavano ordini in tedesco, che la maggior parte di noi non capiva, e distribuivano botte a tutti, separando subito le famiglie: gli uomini da una parte e le donne con i bambini dall'altra.

«In seguito venimmo a sapere che da alcuni mesi c'era una sezione del lager destinata alle donne, dove i bambini morivano quasi subito a causa delle pessime condizioni di vita.

«Ad Auschwitz dovevamo lavorare duramente per ampliare il campo, in modo che potesse ospitare piú di centomila internati. E la disciplina era ferrea. Dovevamo impararla a suon di botte e di fatica. E poi conoscemmo quasi subito il tormento supremo del lager: la fame.

Johanna, che lo ascoltava in silenzio, guardò l'orologio e, interrompendo il suo racconto, esclamò: – A proposito di fame! È ora di pranzo. Se ti aiuto, ce la fai ad arrivare alla tenda della mensa? Cominciare a camminare ti farà bene.

L'aria era leggera e un sole caldo dava all'erba dei prati e al bosco la forza di rinascere verdi e fioriti. Dalle baracche e dalla tenda ospedale, diretti alla mensa, uscivano uomini e donne, quasi che quel luogo di dolore e morte fosse ormai diventato una città viva. Un gruppo di deportati, probabilmente dei muratori, stava costruendo una sinagoga. Ancora qualche giorno e nel campo si sarebbe potuto pregare. Altri ancora erano al lavoro per collocare fari e lampadine che avrebbero presto illuminato l'oscurità della notte. Dalle latrine usciva un buon profumo di sapone e le docce erano ormai dotate di acqua calda a tutte le ore.

– Era una domenica di maggio del 1942, – riprese Filip tornando dalla mensa. – I raggi di un sole pallido e primaverile scioglievano la nebbia del mattino nel cortile del Blocco 11, dove ci avevano alloggiato. All'arrivo mi avevano assegnato il numero di matricola 29236. Difficile da pronunciare in tedesco, ma quello era ormai il mio nome.

«Un certo Vacek era il nostro capoblocco. Un vero e proprio tiranno.

«Dopo l'appello, il primo della giornata, cominciò quella che chiamavamo una "seduta sportiva". Urlando, Vacek ci ordinò di correre: "Saltate! A terra! Di corsa! Coricati! Flessioni sulle braccia fino a cento! Di corsa!..." e cosí di seguito, come fossimo bestie. Chi non riusciva a rialzarsi, veniva picchiato brutalmente mentre, seduto sui gradini della porta d'ingresso al Blocco, il caporalmaggiore delle SS Bruno Schlage assisteva divertito alla scena. Dopo un'ora, piú di trenta detenuti erano a terra, morti.

«Terminata la ginnastica mattutina, ci rimettemmo in fila per il nuovo appello. E fu allora che un mormorio soffuso divenne voce di protesta: "Non è possibile!... Mio Dio, i capi devono essere informati di quel che accade qui... Io protesto!"

«Vacek aveva udito quelle parole ed era rimasto fermo al suo posto con lo sguardo rivolto a Schlage.

«Seppi quasi subito che a parlare era stato il dottor Albert Paskus, anche lui originario di Sered'. Un onest'uomo, un avvocato molto apprezzato, specialista di letteratura ebraica. Purtroppo non aveva ancora capito che i valori morali e i princípi di umanità che costituiscono la base della civiltà erano lettera morta ad Auschwitz.

«Paskus fece un passo avanti e uscí dai ranghi dell'appello e si rivolse all'SS Schlage: "Comandante, in quanto uomo e giurista, devo informarvi che il capoblocco qui presente (e lo indicò con il dito) ha freddamente ucciso uomini innocenti. Io sono convinto che ha compiuto questi crimini all'insaputa delle autorità dello Stato germanico. Noi siamo stati trasferiti qui per lavorare e non per essere torturati e picchiati a morte. Il presidente Tiso, del nostro Stato slovacco, alleato della Germania, ha garantito personalmente per la nostra sicurezza. Per questo motivo, vi chiedo formalmente di avviare un'inchiesta su queste azioni e di punire i colpevoli".

«Un silenzio di morte scese nel cortile del Blocco II. Tutti fummo stupiti dal coraggio di quell'uomo giusto, e fissammo il viso di Schlage, che rimase immobile come una statua.

«Dopo qualche minuto, Schlage prese la parola: "Vacek, avvicinati!". "Agli ordini" rispose il capoblocco, che si mise sull'attenti togliendosi il berretto e abbassando lo sguardo a terra.

«"Hai sentito bene le accuse che ti ha rivolto questo sporco ebreo?"

«"Signorsí, comandante".

«"Allora, dagli quel che si merita" ordinò il caporalmaggiore delle SS.

«Vacek si scagliò contro il dottor Paskus e lo riempí di bastonate fino a lasciarlo inanimato per terra.

«"Qualcun altro ha qualche reclamo da fare?" chiese Schlage con un sorriso cinico. "Allora, presto, preparatevi al lavoro".

«Quella mattina tiepida di maggio avevamo imparato che cosa volesse dire la disciplina ad Auschwitz. A terra, morti, c'erano trentacinque uomini.

Vacek non rimase per molto tempo nel ruolo di capoblocco. Nell'autunno del 1942, come accadde a molti altri detenuti, si ammalò di tifo esantematico e morí nell'ospedale per prigionieri di Auschwitz.

4. Assegnato per punizione al Kommando Fischl

La mattina del giorno seguente, Filip si alzò dal letto e si mise al sole ad aspettare l'arrivo di Johanna. Camminava con un bastone, ma era abbastanza sicuro sulle gambe.

– Ti piacerebbe fare colazione insieme alla mensa?

Johanna gli sorrise. – Certo, mio cavaliere. Stai facendo progressi enormi. Tra due o tre settimane ti sarai rimesso completamente.

– Grazie a te... Sei riuscita a farmi parlare e hai aperto il mio cuore al mondo. Ora so che qualcuno può ascoltare la mia storia.

– Ma non credere di aver finito con me. Ti sei impegnato a dirmi tutto... almeno tutto quel che ricordi!

Camminarono lentamente sottobraccio verso la grande tenda della mensa, dove si ritrovavano soldati, personale del servizio sanitario, cittadini austriaci che venivano ogni giorno da Wels per dare una mano ed ex detenuti in buona salute o che, come Filip, cominciavano a riacquistare le forze.

Ogni tanto qualcuno cantava, e allora chi conosceva la musica e le parole si univa al coro. Perlopiú erano nenie o melodie di casa, seguite da applausi e urla. Con il passare dei giorni tutti si rendevano conto che la guerra era finita e che erano liberi.

– Ma a che cosa vale la libertà se hai dentro quel che sento io? Un peso, un macigno abita il mio cuore, – disse Filip.

– Ora continua il tuo racconto, io ti ascolto... Sediamoci qui ai margini del bosco. Che cosa accadde dopo la morte violenta del dottor Paskus?

– Qualche tempo dopo, avevamo trascorso una giornata di lavoro pesante senza toccare acqua. Ad Auschwitz, nell'estate del 1942, per noi detenuti non c'era ancora acqua potabile, e alla sera ci veniva distribuito del tè... o meglio, una brodaglia scarsamente zuccherata che assomigliava al tè.

«Quel giorno nel Blocco II eravamo tutti assetati come non mai. Vicino a me si era seduto un giovane compagno di sventura.

«Avevo la lingua incollata al palato e la gola mi bruciava tanto era secca. "Parli tedesco?" mi chiese il mio vicino. "Sí, un po', per capire e per farmi intendere, ma non serve in questa occasione... Quel criminale di Schlage ha deciso di non distribuire il tè e non c'è nulla da fare..." risposi. "Mi chiamo Maurice, – disse, – e vengo dal campo di Drancy, in Francia... Un campo di transito per ebrei che devono finire i loro giorni qui ad Auschwitz!" "Io sono slovacco e il mio nome è Filip".

Allora Maurice propose a Filip di aspettare che facesse buio per poi cercare di raggiungere il cortile interno del Blocco, dove al solito veniva riposto il pentolone con il tè.

La sete era cosí assillante che la prospettiva di bere a volontà fece dimenticare a entrambi i rischi che avrebbero corso.

Quando la camerata era ormai al buio e tutti, bene o male, dormivano, Maurice e Filip scesero dal giaciglio e a quattro zampe arrivarono alla porta che si apriva sul cortile. Videro la grande tinozza e si affrettarono a raggiungerla.

Chini tutti e due sul bordo del pentolone, bevevano senza quasi respirare.

Il tè che non erano riusciti a ingerire era colato, bagnandoli, sulla camicia e sui pantaloni.

Il silenzio e il buio erano totali, ma d'improvviso due braccia possenti spinsero la testa di Filip e quella di Maurice dentro la tinozza, tenendole sotto, e impedendo loro di respirare.

– Sentii il tè penetrarmi dolorosamente nei polmoni. Non avevo piú aria e non potevo respirare. Cosí persi conoscenza –. Filip interruppe il racconto e si toccò il collo quasi sentisse ancora quel senso di soffocamento che aveva provato.

– Poi che cosa accadde? – lo incalzò Johanna.

– La fame d'aria finí e rinvenni, cosí come accadde a Maurice. Vacek e Schlage urlavano insulti verso di noi, e io, a quel punto, mi convinsi che era finita, che ci avrebbero ucciso. Ci portarono tutti e due nei sotterranei, in una cella buia, nella quale restammo qualche ora, o forse qualche giorno, non ricordo bene. Il tempo sembrava essersi fermato, e il buio e l'assenza di rumori erano assoluti.

«Poi vennero a prenderci. Eravamo spaventati e affamati. Scortati da due uomini delle SS arrivammo, dopo avere percorso qualche centinaio di metri, davanti a un edificio singolare, con un tetto piatto e un camino in mattoni rossi alto almeno dieci metri. Ci trovammo in un cortile isolato dal resto del campo, dove ci prese in consegna un sottotenente delle SS. Seppi poi che si chiamava Hans Stark.

«Urlando ordini, ci introdusse in una stanza immersa in un fumo denso e umido, soffocante e acre. Compresi allora che mi trovavo nel locale di incenerimento del forno crematorio di Auschwitz.

Lo sguardo di Johanna si rabbuiò, sebbene da tempo si sapesse che tutti i lager tedeschi erano dotati di un forno crematorio.

– I nazisti, – disse la ragazza, – non avevano pietà per i vivi che consideravano di razza inferiore e che erano esseri umani come loro, ma continuavano a coltivare il culto dei morti, proponendo ai familiari urne cinerarie di diverso valore, in marmo, in terracotta, di legno o anche di ferro. Mi hanno detto che a Mauthausen, nel giorno della liberazione, ne hanno trovate migliaia, tutte ordinate su scaffalature di legno, di fianco al forno crematorio... E mi hanno riferito anche che in alcuni casi, quando moriva un prigioniero tedesco o austriaco, considerato un nemico, ma pur sempre di razza superiore, scrivevano alle famiglie dei defunti per restituire le ceneri del caro estinto!

Filip la guardò, sorrise e disse: – Era la prima volta in vita mia che vedevo cosí tanti cadaveri, ma ora li dovevo toccare e spogliare, per recuperarne i vestiti... Ero raggelato dall'orrore. Togliendo una calza da un piede di una giovane donna, la ruppi, senza volerlo. Stark mi vide e si precipitò su di me, picchiandomi: «Fai attenzione, maiale di un ebreo! E fa' in fretta, gli indumenti dei morti ci possono ancora servire».

«Lo guardai atterrito e mi accorsi che qualcosa dentro di me stava cambiando: la paura di essere bastonato, lo spettacolo terribile dei morti ammucchiati, il fumo acre e denso, il rumore dei ventilatori, la luce delle fiamme dei forni, tutto quel caos infernale... avevano completamente annichilito i miei pensieri, e nel mio sconforto morale mi resi conto che eseguivo gli ordini come un automa. Quegli uomini e quelle donne senza vita erano esseri umani morti a causa di fucilazioni, malattie, violenze e torture. In breve, per non avere retto la disciplina e il modo di vita del campo.

«Quando il lavoro di recupero dei vestiti e degli indumenti finí, Stark ci ordinò di prendere un lungo attizzatoio e un grosso martello, per recuperare le ossa non ancora polverizzate, che avremmo dovuto ridurre in piccoli pezzi.

«Io e Maurice non sapevamo come fare quel lavoro, e allora un detenuto di nome Fischl ci fece tornare nella sala dove giacevano i cadaveri e ci disse di continuare a trascinarli nel locale dei forni.

Filip interruppe il suo racconto e non riuscí a trattenere le lacrime. – Tra quei corpi, riconobbi quelli di una nostra vicina di casa a Sered', Rika Grunblatt, e di una mia ex compagna di scuola, Jolana Weis... Quante volte avevo giocato e scherzato con lei!

«Devo comunque dirti che già allora ero ossessionato dalla fame... cosí mi accorsi che molti di coloro che erano finiti al crematorio non avevano fatto in tempo a entrare nel campo, perché, per non avere rispettato la disciplina, erano stati assassinati subito; e avevano nelle tasche dei vestiti cibo di buona qualità. Formaggio, pane, biscotti, carne secca...

«Quella sera tornammo in camerata sazi, sebbene Maurice e io fossimo piú morti dei morti che avevamo spogliato e portato ai forni.

Johanna si alzò e tese la mano a Filip. – Rientriamo

nella camerata. Stanno preparando un buon caffè e mi hanno detto che nelle cucine del campo hanno cotto delle torte di mele.

– Era da tempo che non rimanevo seduto a parlare con una ragazza, – disse Filip, – senza la paura di essere scoperto e picchiato da una guardia... Ed era tanto tempo che non ricordavo un viso cosí bello come il tuo, un corpo cosí sinuoso, attraente... Johanna, tu sei bella e giovane, e il tuo sorriso rasserena... Nel lager noi uomini, che potevamo solo immaginare come eravamo ridotti, sporchi, magri, senza capelli, mal vestiti, quando abbiamo incontrato una squadra di donne prigioniere che andavano al lavoro, non abbiamo provato niente... Nessun desiderio, intendo. Anche loro non sembravano piú donne: i loro corpi erano come svuotati. Ma tutto questo non è niente a confronto di ciò che sto per dirti.

Filip e Johanna camminavano lentamente, guardando l'erba verde che cominciava a crescere ai margini delle baracche e le tante margherite che decoravano spontaneamente i prati oltre il reticolato, come stelle nuove di una terra che tanto dolore aveva visto.

– La nostra squadra non aveva un attimo di tregua. Un giorno eravamo cosí stanchi e abbrutiti dalle ore passate nella sala del crematorio che dimenticammo di accendere i ventilatori di un forno. Le fiamme divennero cosí violente e il calore cosí intenso che il rivestimento di pietre refrattarie del nucleo cominciò a rompersi, fino a che il fuoco uscí dal camino. Allora scoppiò un incendio e ci vollero molte ore per averne ragione.

«L'SS Stark era furioso, con noi e con il caposquadra. E cosí fummo puniti, ma questa volta non con le bastonate e le torture.

«Poiché non si poteva continuare con l'incenerimento dei corpi, ci obbligarono a caricarli su un camion che, subito dopo, si diresse in un'altra località del campo, a Birkenau, allora in costruzione. All'interno di un bosco fitto di betulle, era stata scavata una grande fossa. Dovemmo gettare lí i cadaveri che avevamo caricato sul camion e scoprimmo che finivano su una grande piramide di altri corpi morti: donne di ogni età, bambini, vecchi, ragazzi, uomini.

– Allora, – lo interruppe Johanna, – i tedeschi ad Auschwitz uccidevano esseri umani in modo massiccio. Quel che accadeva nel crematorio I del campo principale era solo poca cosa...

– Con la visita di Heinrich Himmler nel marzo del

1941, il capo supremo delle SS, Auschwitz divenne un vero e proprio sistema concentrazionario, con tre campi principali: Auschwitz I o campo base, Auschwitz-Birkenau e Auschwitz-Monowitz, associato alla fabbrica di benzina e gomma sintetica IG Farben, chiamata anche Buna. Nel corso degli anni, e fino al gennaio del 1945, i campi collegati ad Auschwitz e destinati al lavoro coatto dei detenuti diventarono piú di quaranta...

– D'accordo, – intervenne Johanna, – mi stavi dicendo delle uccisioni di massa ad Auschwitz e di quello che fosti obbligato a fare...

– Seppi piú tardi che già prima che io giungessi al campo, nella metà di febbraio, gli ebrei venivano uccisi al loro arrivo con un veleno terribile, lo Zyklon B, e che in marzo, nella zona di Birkenau, era stata messa in funzione una camera a gas ricavata da una casa contadina che noi chiamavamo bunker 1 o anche «casa rossa», a causa del colore dei muri esterni.

«Erano proprio i corpi degli ebrei trattati con il gas nel bunker 1 a essere gettati nella fossa comune dove noi dovemmo seppellire i morti scaricati dal camion... Ma quel giorno io ancora non lo sapevo. Non avevo capito che anche nel crematorio dove lavoravo io i corpi arrivavano alla sala di incenerimento ancora vestiti dopo una rapida gasazione. Ne ignoravo il motivo, perché come tutti non vedevo e perché quelle operazioni di uccisioni massicce erano segrete.

«Tornando al campo base, capimmo una cosa: noi della squadra di lavoro addetti al crematorio eravamo diventati senza saperlo dei detenuti segretati e non potevamo avere piú contatti con gli altri prigionieri e nemmeno con le SS che non erano addette allo sterminio. Eravamo registrati su una lista speciale e segreta. Un commando speciale: il Sonderkommando della morte. Capisci? Loro, i nazisti, avevano bisogno di noi perché le uccisioni dei prigionieri erano cominciate già alla fine del 1941, in settembre o in dicembre, molto prima che io arrivassi. E Auschwitz era un campo della morte!

Nei pressi della baracca dove Johanna e Filip stavano per entrare c'era un grande albero. I nazisti avevano costruito un lager destinato allo sterminio di milioni di esseri umani, ma avevano lasciato un grosso abete verde e secolare.

Johanna pensò che avevano rispettato la natura al punto di modificare la pianta del campo per non essere costretti ad abbattere quel grande albero.

Come si conciliava questa apparente sensibilità con la forza criminale che scaturiva dai loro comportamenti e dalle loro idee di razza e di popolo?

Lo domandò a Filip. Ci aveva pensato?

– Anche ad Auschwitz, dietro un muro di pietra che divideva l'area destinata a noi detenuti dal deposito dei camion e delle auto di servizio, si poteva vedere un grande albero dai rami possenti che nel mese di maggio cominciava a riempirsi di foglie verdi. E nei viali del lager non mancavano le piante e le aiuole!

«Quell'albero assisteva in silenzio all'attuazione del progetto nazista che Heinrich Himmler aveva definito "Azione segreta del Reich tedesco per la protezione del popolo germanico". Vale a dire lo sterminio sistematico degli ebrei d'Europa e di tutte quelle "schegge" umane che erano contro il nazismo o considerate inferiori rispetto all'ariano, all'essere superiore tedesco: i sinti e i rom, chiamati piú semplicemente zingari, gli omosessuali, i testimoni di Geova, i disabili e tutti coloro che entravano nella categoria di "razza inferiore".

Johanna ascoltava in silenzio: in Austria avevano saputo dei lager di punizione e di lavoro obbligatorio. Li avevano anche visti vicino alle loro città e alle fattorie.

Avevano saputo del trattamento disumano dei detenuti, dei crimini commessi in guerra sul fronte russo, persino del trattamento riservato agli ebrei nei ghetti polacchi. Avevano anche toccato con mano la crudeltà del regime nei confronti degli oppositori e, con il procedere della guerra in Europa, avevano notizia delle conquiste della Wehrmacht (le forze armate tedesche) e delle conseguenti distruzioni di interi quartieri delle città occupate.

Sapevano bene quanto crudele e sanguinaria fosse la guerra di conquista di Hitler per il potere assoluto della Germania sul mondo. Non sapevano niente, invece, dei campi di sterminio, tutti collocati all'Est.

Nel cuore di Johanna le parole di Filip aprivano piano piano una ferita profonda. Allora le venne spontanea una domanda: – Gli ebrei deportati ad Auschwitz sapevano che fine avrebbero fatto?

– Anche se la città era poco distante da Sered', il nome di Auschwitz ci era sconosciuto. Nel nostro campo ci avevano detto che saremmo andati in una nuova città all'Est per lavorare e che laggiú avremmo potuto trovare una nuova casa. «Non dovete avere paura, sarete trattati con umanità e ciascuno di voi farà quel che sa fare. Per tutti coloro che sono in buona salute e che hanno voglia di lavorare non ci sarà alcun pericolo. Periodicamente verremo a farvi visita, per assicurarci che i vostri diritti siano rispettati e per renderci conto delle condizioni di vita in cui vi troverete». Questo ci avevano detto i responsabili del campo e del consiglio ebraico. Siamo dunque partiti con il cuore leggero... Solo dopo ho saputo che questa era una strategia pensata apposta per evitare le fughe e ogni forma di resistenza.

– Ma quelli che arrivavano al campo, dopo ore o giorni di viaggio, in condizioni disumane, assetati e affamati, potevano ancora credere a questo imbroglio? Non si sono mai ribellati?

– Johanna, ti racconterò un episodio cui ho assistito personalmente. Io e gli uomini del Sonderkommando eravamo da alcuni minuti nel cortile del crematorio di Auschwitz, in attesa di qualcosa che sembrava non arrivare mai. Dovevamo aspettare fermi immobili. Spesso questa era una forma pura e semplice di tortura.

«Quella volta non fu cosí. A un certo punto, dopo circa mezz'ora, entrarono anche il sottotenente delle SS Maximillian Grabner, capo della Gestapo (la polizia segreta del Terzo Reich) del lager, il capitano delle SS Hans Aumeier, comandante del campo base, il sottotenente delle SS Franz Hössler e un ufficiale che sulla manica della divisa aveva una croce rossa: molto probabilmente si trattava del sottotenente delle SS Adolf Theuer, responsabile delle procedure di disinfestazione dei deportati che venivano selezionati per il lavoro. Subito dopo, il cortile si riempí di gente. Erano ebrei polacchi appena scesi dal treno. Perlopiú, si trattava di uomini e donne di mezz'età, ma si vedevano anche donne giovani con bambini e alcuni anziani.

«Aumeier prese la parola per primo: "Ascoltate! Siete arrivati fin qui per rendervi utili come i soldati che combattono al fronte. Coloro che lavoreranno con dedizione e daranno prova di buona volontà saranno trattati bene". Poi subentrò Grabner, che invitò tutti a spogliarsi per poter passare alla disinfestazione ed evitare cosí i rischi di epidemie. Aggiunse: "A noi è fatto obbligo di vigilare sulla vostra salute, per questo, prima di tutto, dovrete andare sotto le docce. Subito dopo, ciascuno di voi riceverà un piatto di zuppa calda".

«Sul volto di quegli ebrei tornarono il sorriso e la speranza in un avvenire meno cupo. Hössler, da parte sua, salí sul tetto del crematorio, piatto come un terrazzo, e fece un numero di recitazione che placò anche i piú sospettosi. "Lei, là in fondo, nell'angolo" chiese a un uomo piccolo e gobbo. "Qual è il suo mestiere?". "Faccio il sarto" rispose. "Da uomo o da donna?" "Io sono sarto sia da uomo che da donna" rispose con voce decisa. "Ma è perfetto" urlò, "abbiamo proprio bisogno di gente come lei. Mi venga a trovare in ufficio, dopo la doccia!" Poi, rivolgendosi a una donna molto grassa, chiese: "E lei, cara signora, che mestiere fa?" "Sono infermiera, signor ufficiale". "Benissimo. Nel nostro ospedale abbiamo urgente bisogno di infermieri e infermiere. Ma non temete, voi tutti! Ci servono artigiani di ogni tipo, ma anche lavoratori non specializzati. Qui troverete un buon impiego e un salario che vi farà vivere bene". Guardò tutti con un sorriso e concluse: "Ma ora, per cortesia, spogliatevi e fate in fretta, altrimenti la zuppa si raffredda".

«Il procedimento sperimentato in questa occasione aveva lo scopo di accelerare le operazioni di uccisione e smaltimento dei corpi. Una volta tirati fuori dalla camera a gas, non avrebbero dovuto essere spogliati. A ogni passaggio, i responsabili di Auschwitz miglioravano le loro procedure!

«Quelle persone, docili come pecore, si spogliarono

senza che i loro guardiani dovessero urlare o picchiarli ed entrarono nella camera a gas con tranquillità. Alla fine, nel cortile ormai vuoto, non rimanevano che vestiti, scarpe, valigie, pacchi e giocattoli. Quando le porte della camera a gas furono chiuse, si misero in moto i motori di tre camion che, accelerando al massimo, coprirono i singhiozzi e i lamenti di quegli ebrei morenti.

5. L'incontro con il padre

Durante la notte, Johanna fece sogni terribili e non riuscí a dormire. L'indomani, prima di recarsi nella baracca dove alloggiava Filip, turbata da quel che aveva sentito, si fece accompagnare a Wels, per parlare con una donna che si diceva fosse tornata proprio da Auschwitz. Qualcuno sospettava di lei. Si mormorava che, piú che una deportata politica, fosse stata una guardiana del settore femminile del campo. Ma come stava accadendo un po' dappertutto, tanto in Austria quanto in Germania, i colpevoli di crimini efferati e i collaboratori dei nazisti, anziché venire consegnati alla giustizia, erano difesi e protetti dalla maggior parte della popolazione. Inoltre, poiché le donne iscritte al partito nazista e arruolate in organizzazioni parallele alle SS come guardiane nei lager femminili non avevano posizioni di comando, se non in alcune strutture sanitarie e nelle organizzazioni femminili del partito, non sedettero mai sul banco degli imputati nei processi che si aprirono subito dopo la fine della guerra. Le mogli degli uomini delle SS, inclusa quella del comandante supremo di Auschwitz, Rudolf Höss, dopo la guerra dichiararono di ignorare quel che accadeva nei lager e nei centri di sterminio, insistendo nel dire che le loro case erano luoghi di assoluta normalità, completamente estranei all'orrore e alla violenza.

Ma i campi e le abitazioni non erano mondi separati, cosí Johanna, prima di continuare ad ascoltare Filip, tentò di verificare i suoi racconti.

Cercò dunque una certa Gertrude Altvater, originaria di una zona agricola della Germania del Nord, che nel febbraio del 1945 aveva aperto un negozio da ortolana a Wels.

Come era immaginabile, disse che era riuscita a scappare da Auschwitz il 18 gennaio, mentre erano in corso le marce di evacuazione forzata di tutti i detenuti e le detenute in grado di camminare.

Johanna le chiese dello sterminio sistematico degli ebrei.

– Non sono soltanto voci, vero?

– È cosí! Io ero un'internata politica e lavoravo come

domestica nelle case delle SS. Ma sapevamo. Del resto, ogni giorno arrivavano migliaia di ebrei, provenienti da tutta Europa. Se tutti fossero rimasti in vita, i tedeschi non avrebbero saputo come sfamarli e dove alloggiarli. Ho sentito dire che, su cento ebrei che arrivavano, novanta o novantacinque andavano nelle camere a gas. Io non ne so molto, perché ho vissuto da prigioniera nelle case dei padroni del campo. Le voci, tuttavia, erano insistenti e molto esplicite. E non ti dico quanto alcol e quanta birra bevevano i mariti quando rientravano a casa.

– Lo facevano per dimenticare il loro lavoro sporco?

– Ne sono convinta. Chi si ubriaca addormenta la propria coscienza.

Non vedendo arrivare Johanna, Filip si preoccupò. Si alzò dalla branda e, aiutandosi con il bastone, raggiunse l'ingresso della baracca. Il sole era già alto e caldo, e il via vai lungo le strade del campo lo mise di buon umore. A un tratto, in lontananza, vide un uomo sui sessant'anni che aveva un portamento assai simile a quello di suo padre.

In breve lo raggiunse, anche se in cuor suo sapeva che la speranza che lo aveva spinto fino a lí era una pura illusione.

Gli posò una mano sulla spalla. L'uomo si voltò, lo guardò negli occhi e gli sorrise.

– No, ragazzo, non sono tuo padre. È lui che cerchi, vero?

Filip annuí.

– Anch'io cerco qualcuno. Mio figlio e mia moglie. Siamo partiti insieme da Budapest e al momento dell'arrivo ci hanno separati. Di loro per ora non c'è traccia. Ma io non mi rassegno... sento che sono vivi. Prima o poi li troverò!

Filip lo salutò con un abbraccio e, portandosi lentamente al margine del bosco, dove si era seduto con Johanna per raccontarle la sua storia di deportato, ripensò al momento in cui, ad Auschwitz, poté riabbracciare il padre.

Era estate e un gruppo di una trentina di muratori stava lavorando alla costruzione di un nuovo edificio. Tra questi, un uomo originario di Sered' lo aveva informato che suo padre era stato trasferito insieme a lui ad Auschwitz, su un treno proveniente da Lublino.

Subito Filip si mise febbrilmente alla sua ricerca. Quando individuò il Blocco dove poteva essere rinchiuso, fece di tutto per convincere il kapo dei muratori a chiedere che suo padre entrasse nella squadra costruttori.

L'incontro con il padre

Un mattino, mentre Filip trasportava ceneri e altri resti del crematorio, lo vide al lavoro, nei pressi della baracca del comando.

Il padre ignorava che il figlio fosse stato assegnato al crematorio e, non appena lo vide, lo abbracciò, lo riempí di baci e carezze e con voce tremante per l'emozione gli disse: – Caro figlio mio, ogni giorno ho cercato di avere tue notizie. Ho parlato anche con i musicisti dell'orchestra del campo... tu suonavi il violino con passione e bravura... Sapevo che prima o poi ti avrei ritrovato.

Poi, rivolgendosi a un muratore che li osservava, continuò: – La musica e il violino sono una grande fortuna per lui. Qui gli orchestrali sono trattati bene, mangiano, vivono da privilegiati... Dio solo sa che cosa gli sarebbe accaduto se non avesse avuto questo talento per la musica e se noi non lo avessimo fatto studiare.

Filip lo strinse forte a sé, ma non ebbe il coraggio di dirgli che non era tra i musicisti dell'orchestra, e che gli unici suoni che sentiva nella sua lunga giornata nel lager erano le urla e i pianti dei morenti.

Nel momento in cui volle parlare, gridare il suo dolore, confessargli che per vivere ora bruciava cadaveri, sentí un nodo alla gola e non riuscí a pronunciare una sola parola. Con le lacrime agli occhi lo abbracciò forte ancora una volta e poi corse in fretta in direzione del cortile del crematorio.

Da quel giorno, Filip riuscí a rivedere spesso suo padre e a portargli di nascosto cibo e vestiti puliti.

Tuttavia, malgrado l'aiuto e il conforto che sapeva dargli, si accorse che il genitore deperiva ogni giorno di piú. Spesso aveva la febbre e si reggeva in piedi a malapena, segno che il tifo lo aveva colpito, come accadeva a tanti altri deportati. Ma nell'ospedale del campo non c'erano farmaci per curare quella malattia.

Finché, un giorno, il camion che scaricava al crematorio i corpi di coloro che erano morti all'ospedale non gettò a terra anche il cadavere di suo padre.

I compagni di squadra di Filip lo videro in lacrime; allora coprirono il corpo di quell'uomo con un lenzuolo bianco, lo trasportarono a spalla nella sala del crematorio e, davanti al forno incandescente, recitarono insieme la preghiera dei morti.

Filip rimase davanti alla bocca di fuoco del crematorio finché il corpo del suo amato padre non divenne cenere.

L'incontro con il padre

Dopo tutte le scene di violenza e crudeltà cui aveva assistito, era sicuro di non riuscire a provare nessun sentimento, nessuna emozione. E tuttavia, la morte del padre gli fece capire che non aveva ancora perso la sua umanità e lo rafforzò nell'idea e nella volontà di sopravvivere.

SECONDA PARTE
Le fabbriche della morte a Birkenau

1. Jana e Sasha

Filip Müller lasciò l'ospedale del campo di Gunskirchen in buone condizioni di salute, per fare ritorno a Sered', la sua città natale.

Qualche giorno dopo, quando Johanna andò a cercarlo nella baracca, seppe che era partito e non aveva lasciato alcun indirizzo.

Le dissero che quel giovane l'aveva cercata ed era andato piú volte a informarsi su di lei, niente di piú.

Si sarebbero rivisti ancora?

Intanto, nell'Europa distrutta dalla guerra, ridotta in miseria e in lutto per i milioni di morti innocenti provocati dal conflitto, nessuno voleva piú voltarsi indietro. Occorreva punire i colpevoli, ma bisognava anche rimarginare le ferite dei singoli e delle collettività coinvolte, mettendo tutte le energie nella ricostruzione.

Durante il processo di Norimberga, che si svolse tra il 20 novembre 1945 e il 1° ottobre 1946, un Tribunale militare internazionale formato da giudici delle potenze alleate che sconfissero Hitler puní i maggiori responsabili del regime nazista. Dopo, tutto sembrava finito. Giustizia era stata fatta. Coloro che avevano creduto nel progetto hitleriano di una nuova Europa «ariana» avevano ripreso le loro vite quotidiane, il lavoro, la famiglia. Alcune centinaia di alti ufficiali delle SS erano riusciti a fuggire in altri paesi, spesso con l'aiuto di organizzazioni umanitarie vicine al nazismo, mentre quasi un milione di attivi esecutori dei crimini commessi nei lager, nei centri di sterminio e nei ghetti avevano fatto perdere le loro tracce, cambiando nome o città e rimanendo il piú delle volte ben protetti dalla comunità in cui vivevano.

Quasi vent'anni dopo, all'inizio di dicembre del 1963, Johanna lesse su un giornale che, a partire dal 20 del mese, a Francoforte sul Meno avrebbe avuto inizio un processo contro ventidue imputati per i crimini commessi ad Auschwitz e che tra i testimoni chiave ci sarebbe stato anche Filip Müller.

Inizialmente, la sede fu l'aula consiliare del municipio della città, ma in seguito, nel mese di aprile del 1964, tutto il dibattimento venne trasferito al palazzo di Giustizia, in un edificio chiamato Bürgerhaus Gallus.

Filip Müller aveva allora quarantadue anni, era sposato e viveva a Praga, dove si era trasferito quasi subito dopo il rientro a Sered'.

Johanna lo incontrò sulle scale del palazzo. I due si guardarono negli occhi e si riconobbero subito. Non avevano dimenticato quelle lunghe ore trascorse insieme. La loro amicizia non si era spenta.

– Prima di lasciare Wels ti ho cercata e ho chiesto tue notizie un po' ovunque, – le disse Filip, prendendola sottobraccio.

– Ero incredula e sconvolta dai tuoi racconti e avevo bisogno di ritrovare un po' di serenità... ma non volevo ferirti.

– Parlare con te mi ha fatto bene. Mi sono sentito ancora un uomo tra gli uomini e le donne di questo mondo. Il tuo silenzio e la tua pietà mi hanno aiutato a superare la vergogna...

– Ma tu sei stato solo una vittima, perché tanta vergogna?

– Johanna, ancora oggi nessuno vuole ascoltare il mio racconto, mi considerano un rinnegato... un uomo che ha aiutato i nazisti a far scomparire dalla faccia della terra i fratelli ebrei. Per molti, noi del Sonderkommando di Auschwitz siamo i «corvi neri» del crematorio.

– Ora però, al processo, i giudici vi ascolteranno come testimoni dell'accusa.

– È così, ma questo non vuol dire che la loro considerazione nei nostri confronti sia cambiata. Fuori dall'aula del tribunale siamo ancora costretti al silenzio. Ci rimproverano di avere bruciato i corpi di migliaia di innocenti. Ma noi che altro potevamo fare? Io stesso avrei voluto morire in una camera a gas. Loro, le vittime, me lo hanno impedito.

– Vieni, Filip, sediamoci in quel locale, al caldo. Racconta. Perché avevi deciso di morire? Quando è accaduto?

– Lo ricordo bene. Era l'8 marzo 1944, verso la fine del pomeriggio. L'ufficiale delle SS in servizio ordinò a un centinaio di noi del Sonderkommando di recarsi ai crematori II e III. Scesa la notte, sentimmo i motori di diversi camion fermarsi nei pressi della scala che conduceva allo spogliatoio sotterraneo del crematorio II. Ne scesero donne e bambini. Gli uomini erano stati dirottati al crematorio III. Sui loro volti, il terrore e una disperazione indescrivibile. Nonostante tutte le rassicurazioni ricevute, avevano capito che di lí a poco sarebbero morti. Cosí cominciarono a dirsi addio, abbracciandosi, mentre i loro visi erano inondati di lacrime. Le madri stringevano a sé i figli e li accarezzavano teneramente. Questi, per fortuna, non capivano quel che stava succedendo. Tuttavia, in quel clima di angoscia e di paura, piangevano con le loro madri e nonne. Erano ebrei ed ebree provenienti dal campo per famiglie di Theresienstadt, non lontano da Praga. Mentre assistevo a tutto questo dolore, mi sentii sconvolto. Dopo tutto quello che avevo vissuto ed ero stato costretto a fare, davanti a ciò che mi attendeva, ogni pensiero o speranza di sopravvivere mi sembravano insensati. I miei nonni, mio fratello, mio padre, tutta la mia famiglia era stata sterminata e con essa i compagni di scuola, gli amici, l'intera comunità ebraica della mia città natale. Chi mai avrei ritrovato nella mia casa di Sered'? Degli estranei?

«Decisi allora che era giunta anche per me l'ora di morire. Approfittando del caos che si era creato nello spogliatoio, in prossimità della camera a gas, mi infilai tra la folla delle donne ed entrai con loro nel locale. Subito mi nascosi dietro a una colonna di cemento, pensando cosí di non essere visto. Piú niente contava per me, nemmeno il pensiero che stavo per morire soffocato mi spaventava. Non avevo piú alcun desiderio di vivere. Il mio cuore aveva cessato di battere, ma nel contempo mi sentivo sollevato, guarito dalla vergogna e dal dolore che abitavano nel profondo del mio animo.

«D'improvviso un bambino si mise di fronte a me e mi parlò. "Signore, può dirmi dove sono finiti mia madre e mio padre? Io non li vedo piú in mezzo a tutta questa gente". Cercai di rassicurarlo dicendogli che i suoi cari erano certamente tra la folla di donne che stava entrando. "Stai tranquillo, piccolo, e aspetta con fiducia". Mentre mi preparavo spiritualmente a morire, mi si avvicinò una giovane donna, per niente preoccupata della sua nudità. "Ascolta. Abbiamo saputo che vuoi morire con noi. La tua decisione è comprensibile, ma non servirà a nessuno. A chi pensi possa essere utile? Sappiamo bene che ora dovremo morire, ma tu hai ancora una possibilità di salvarti. Devi rimanere in vita per testimoniare. Devi convincere i nostri fratelli e le nostre sorelle a resistere e combattere. Se potrai uscire vivo da questo inferno, prometti che racconterai al mondo intero la nostra tragedia". Si interruppe e con le lacrime agli occhi mi strinse forte le mani. "Ti chiedo un ultimo favore: desidero che dopo la mia morte tu prenda la catenina d'oro che ho ancora al collo e la porti al mio amato Sasha. Lavora alla manutenzione. Digli addio da parte mia... da parte della sua Jana".

– Dopo che cosa facesti? – gli chiese Johanna.

– Rimasi impietrito di fronte a tanto coraggio. Allora, lei e altre due donne mi presero per le braccia e mi trascinarono letteralmente fino alla porta d'ingresso della camera a gas. A quel punto, con tutta la forza che avevano in corpo, mi spinsero fuori. L'SS Kurzschlus, che stazionava proprio lí per spingere dentro le povere disgraziate, mi riconobbe e mi riempí di botte, fino a farmi cadere a terra.

«Mi urlò: "Ebreo scellerato, demonio, ratto, ricorda bene che siamo noi a decidere quando devi morire. Avanti, alzati e torna al tuo lavoro ai forni, di corsa!". E cosí dicendo mi sferrò un pugno in faccia. Quando rinvenni, un compagno mi offrí una sigaretta. "Filip, non fare ai nostri carnefici il piacere di andare alla morte spontaneamente, proprio adesso che abbiamo piú che mai bisogno gli uni degli altri!" In quei giorni in molti cercavano di organizzare una rivolta. Ma di questo ti dirò in seguito.

– Va bene, ma andasti a cercare Sasha?

– Il pensiero di tutte quelle donne e di quei bambini stipati nella camera a gas non mi abbandonava. Ma avevo fatto una promessa e volevo mantenerla. Allora lasciai la zona dei forni crematori, come fuochista esperto potevo rimanere lí e occuparmi solo delle temperature del camino e dei forni accesi, e scesi alla camera a gas, proprio mentre avevano acceso i ventilatori e gli estrattori d'aria per fare uscire il gas velenoso dall'ambiente. Come ufficiali erano presenti il comandante del settore maschile di Birkenau, il tenente delle SS Johann Schwarzhuber, e il dottor Josef Mengele, ufficiale medico delle SS. Quando la porta si aprí, rividi quello che si ripeteva ogni volta: i corpi, lungi dall'essere distesi a terra in modo uniforme, formavano dei mucchi aggrovigliati. Il piú grosso si trovava proprio davanti all'ingresso. Negli spazi dove erano stati gettati i cristalli dello Zyklon B, invece, non c'era nessuno. E sempre, in alto, sopra tutti, trovavamo le persone piú forti che erano riuscite a farsi spazio, schiacciando i vecchi e i bambini, che rimanevano sempre sotto. E questo accadeva quando, nel buio della camera a gas, si rendevano conto che il gas saliva dal pavimento.

«A quel punto, per non farmi riconoscere, anch'io infilai la maschera antigas e mi misi una benda sulla testa, cominciando con gli altri a liberare l'entrata da quel groviglio umano. Era un lavoro terribile e faticoso. Ogni tanto occorreva fermarsi, prendere fiato, asciugarsi il sudore. Ma io avevo un solo scopo: ritrovare il corpo di Jana. Cosí mi feci largo e mi avvicinai al punto in cui, vicino alla colonna, avevo incontrato la ragazza. Sotto una pila di cadaveri trovai il suo corpo. Le ripulii il viso con lo straccio che avevo in testa. Sembrava addormentata. Presi dal suo collo la collana, come le avevo promesso, me la misi in tasca senza farmi vedere e raggiunsi il montacarichi per tornare alla zona dei forni.

– Non ti vide nessuno? – chiese Johanna commossa e spaventata.

– In quei momenti c'era un caos infernale e, una volta aperta la porta della camera a gas, le SS si guardavano bene dal rimanere nel locale. Uomini quasi impazziti dall'orrore di quel lavoro si muovevano come api in una foresta piena di fumo e fiamme. La camera a gas andava liberata e ripulita nel piú breve tempo possibile, per servire a un altro gruppo di ebrei, già in attesa nello spogliatoio.

Johanna annuí.

– Alle prime luci dell'alba, – continuò Filip, – alcuni colpi di gong risvegliarono i detenuti del lager. Sentivamo i rumori e il vociare delle baracche del settore femminile, poi le marce militari dell'orchestra e gli ordini urlati al plotone delle sentinelle della notte, che venivano sostituite da altri guardiani sulle torrette. La vita nel lager riprendeva il suo corso abituale, alcuni sottufficiali delle SS correvano lungo le strade del lager in motocicletta o in bicicletta e impartendo ordini a squarciagola, i kommando di detenuti partivano per il pesante lavoro giornaliero, qualcuno si apprestava a entrare nell'area dei crematori II e III per portare nuove disposizioni.

«Tutto prendeva il ritmo di sempre. Solo noi del Sonderkommando sapevamo quale nuovo dramma si fosse svolto soltanto alcune ore prima.

«Come fuochista esperto, potevo chiedere il permesso di recarmi a piedi all'officina della manutenzione. Lí trovai Sasha. Era un prigioniero di guerra russo, originario di Odessa, sottufficiale dell'Armata rossa. Lo avevano trasferito ad Auschwitz nel 1941 con piú di quattordicimila prigionieri di guerra, di cui solo alcune centinaia erano ancora in vita. Sasha, che incontravo ogni tanto e che era sempre sorridente, questa volta mi accolse con un viso serio e sofferente. Aveva saputo che le donne e gli uomini provenienti da Theresienstadt erano stati liquidati. Gli consegnai la collana d'oro come avevo promesso a Jana. Pianse lacrime di rabbia e di dolore, poi, dopo qualche minuto, alzò al cielo il volto pieno di cicatrici e urlò: "*Moya dorogaya Jana*" (Mia adorata Jana) e si coprí la faccia con le mani. Aveva visto Jana alcuni giorni prima e avevano fatto tanti progetti per l'avvenire. Me ne parlò, in breve. Alla fine, mi disse: "Ora per me tutto è finito. Niente conta piú!"

«Ancora una volta la vita mi sembrò troppo dolorosa, vuota di senso, insopportabile.

2. I grandi crematori di Birkenau

Il giorno seguente, al termine della seduta del processo, Filip e Johanna si ritrovarono nello stesso bistrot accogliente e con poltroncine molto comode.

– Che cosa bevi? – gli chiese Johanna.

– La solita birra rossa.

– Una birra per il mio amico, e per me un infuso ai frutti di bosco, – disse Johanna al cameriere.

Rimasero in silenzio per piú di un minuto, guardandosi negli occhi, poi parlarono insieme, dicendo quasi all'unisono: – E tu che cosa hai fatto...

– Prima tu, – rise Filip.

– Io ho continuato a lavorare in ospedale come infermiera e ho sposato un procuratore legale, della mia età, ma dopo alcuni anni il nostro matrimonio è finito male. Forse perché ci siamo messi insieme in modo affrettato, per non rimanere soli e vincere il vuoto che c'era intorno a noi. Ma evidentemente questo non è bastato a continuare la vita in comune... Hans... Hans Kraus era un uomo onesto e buono, ma io non ero innamorata di lui. Cosí ora vivo sola e senza figli. E tu? Dimmi di te.

– Praticamente a Sered' non era rimasto nessuno della mia famiglia. Inoltre, la Slovacchia venne quasi subito unita alla Repubblica ceca, e diventammo cosí la Cecoslovacchia. Si fecero i conti con i tedeschi che si erano insediati anche nella nostra città, e ne vennero espulsi piú di centomila. Poi, nel 1948, entrammo nell'area d'influenza sovietica, ma per me tutto questo aveva poca importanza. Mi sono sposato due volte e con la mia nuova famiglia mi sono trasferito a Praga, dove lavoro come funzionario dello Stato.

– Hai raccontato la tua storia a qualcuno?

– Te l'ho già detto. Nessuno vuole ascoltare o riesce a credere al mio racconto. Anche se il recente processo di Gerusalemme contro Adolf Eichmann (il famigerato capo della sezione VIB4 del Servizio di sicurezza del Reich, che si occupava della «questione ebraica» e che ha organizzato la deportazione degli ebrei d'Europa in direzione dei centri di sterminio) ha riacceso l'attenzione mondiale sullo sterminio sistematico degli ebrei.

– Ieri mi hai parlato di due crematori, a Birkenau. In Austria la gente come me ne sa poco... Si continua a minimizzare, fino al punto di considerare il nostro paese la prima vittima del nazismo!

– Quando ormai non riuscivo piú a sopportare il lavoro nel crematorio del campo base di Auschwitz, in qualche modo riuscii a farmi trasferire a Monowitz, il campo di lavoro annesso alla fabbrica di benzina e gomma sintetica IG Farben. Mentre lavoravo lí come muratore, una pesante lastra di metallo mi crollò sulla gamba destra, provocandomi una grossa ferita. Non riuscivo piú a stare in piedi e cosí finii nell'infermeria. A Monowitz, gli operai ebrei erano maltrattati ma erano utili, e nell'infermeria ricevevano qualche cura.

– Ricordi in che mese accadde tutto questo?

– Era la fine della primavera del 1943. Sfortunatamente, un sergente delle SS venne a fare un controllo nell'infermeria e, nonostante mi fossi nascosto, mi vide, mi riconobbe come un uomo del Sonderkommando e mi spedí a Birkenau, nell'ospedale per detenuti, dove un amico, il dottor Jan Cespiva, mi aiutò a guarire. Quando mi dimisero, Jan segnalò sulla mia scheda che ero adatto a un «lavoro leggero e da seduto», per esempio a pelare le patate per la zuppa.

«La cosa andò avanti per una settimana, poi, durante un'ispezione di ufficiali delle SS, tra i quali Hans Aumeier, venni riconosciuto, pur essendo zoppicante e molto magro.

«"Che fai tu qui? Il tuo posto è con gli altri della squadra speciale" disse, e cosí tornai a far parte del Sonderkommando, che a Birkenau lavorava nei grandi crematori.

– Dicevi il numero II e III? – gli chiese Johanna.

– Il progetto di fare di Birkenau un grande campo per prigionieri di guerra sovietici, già dal mese di febbraio del 1942, indusse le autorità del lager a costruire un grande crematorio nell'area del nuovo campo. Il crematorio II, per l'appunto. Nel frattempo, però, gli ebrei che arrivavano ad Auschwitz, quando non erano selezionati per il lavoro, venivano assassinati in due camere a gas provvisorie, ricavate da case contadine. Il bunker 1 e il bunker 2; te ne avevo accennato, ricordi?

Johanna annuí.

– I corpi di quegli ebrei morti venivano sepolti in grandi fosse comuni. Ma il 17 e il 18 luglio accadde un fatto nuovo. Con la seconda visita di Heinrich Himmler ad Auschwitz si decise che il grande sistema dei campi che lo caratterizzavano avrebbe dovuto essere ampliato ulteriormente, perché i prigionieri di guerra sovietici deportati a Birkenau dovevano raggiungere la cifra di duecentomila. Allora si cominciò la costruzione di un secondo, enorme crematorio, il III, gemello del II, con la funzione di smaltire i corpi di quei prigionieri di guerra che sarebbero morti per cause diverse.

«Inoltre venne programmata nel bosco di betulle che costeggiava Birkenau la costruzione di altri due grandi crematori, il IV e il V, che dovevano servire a incenerire gli ebrei assassinati nei bunker 1 e 2, le case contadine trasformate in camere a gas; si aggiunga il fatto che i corpi degli ebrei e delle altre vittime del lager sepolti in precedenza nelle grandi fosse comuni dovevano scomparire, essere dissepolti e inceneriti a loro volta.

«Questo è il quadro generale. In seguito a Berlino decisero di fare di Auschwitz il centro di sfruttamento e distruzione delle comunità ebraiche dell'Europa occidentale.

Johanna ascoltava in silenzio, immobile, quasi senza battere ciglio, come se quel suo sguardo, raggelato dalla storia che udiva, andasse oltre le parole di Filip e la portasse a vedere ogni accadimento. Ciò che la faceva fremere di dolore e di rabbia era la sua totale impotenza di fronte a fatti che faticava a credere fossero veramente successi. A mano a mano che Filip raccontava, comprendeva la sua disperazione, la sua sfiducia: chi mai poteva credergli? E in questa domanda si nascondeva tutta la tristezza che si sprigionava dalla sua voce e dai suoi occhi spaventati.

– Quando tornai a Birkenau, – proseguí Filip, – fui sorpreso dal vedere che tutto era cambiato. Quindici mesi prima, quel luogo era solo un deserto paludoso. I nazisti avevano costruito una vera e propria città di schiavi, costituita da sette campi, separati tra loro da filo spinato elettrificato, due dei quali riservati alle donne.

«In breve tempo, il piccolo nucleo di uomini addetti al Sonderkommando, composto da qualche decina di ebrei slovacchi sotto la direzione di Franz Hössler, divenne un gruppo di quattrocento ebrei che, tra settembre e ottobre, venne incaricato di svuotare le fosse comuni e di cremare tutti i corpi delle vittime, gettando poi le ceneri nei canali che si congiungevano al fiume Soła. Si dice che in quel frangente vennero esumati centomila corpi.

Filip parlava lentamente, gli occhi sempre piú assenti

e spalancati nel vuoto, come se ogni parola lo riportasse indietro negli anni.

– Terminata in novembre l'operazione di svuotamento delle fosse, quasi tutti gli uomini del Sonderkommando che vi avevano partecipato vennero a loro volta assassinati con il gas, nel crematorio del campo principale. Io e una ventina d'altri sfuggimmo a questa sorte, perché tecnici fuochisti.

– I tecnici erano molto utili? – gli chiese Johanna, interrompendolo.

– Sí, era difficile trovarne e anche formarli. Non c'era il tempo... la macchina non poteva essere fermata.

– Non si voleva perdere tempo?

Filip annuí.

– Poiché lo sterminio degli ebrei proseguiva, la direzione del campo formò un'altra squadra speciale che si aggiunse a noi sopravvissuti della precedente, questa volta composta da un centinaio di francesi e duecento ebrei provenienti dai ghetti polacchi.

«Tra marzo e giugno del 1943 tutti i quattro grandi crematori di Birkenau furono consegnati alla direzione e divennero operativi.

«Ero alloggiato insieme agli altri nel settore denominato BIId, Blocco 13. Una baracca in legno lunga quaranta metri e larga dieci. Contrariamente alle altre baracche, la nostra era circondata da un muro. Il portone d'ingresso era sempre chiuso e guardato a vista da un giovane prigioniero, armato di uno sfollagente in legno. Il suo compito era quello di fare in modo che nessuno dall'esterno potesse entrare in contatto con noi.

«Il nostro lavoro nei crematori doveva rimanere segreto. Dopo essere rimasto in isolamento nel Blocco 11 del campo principale per ben quattordici mesi, se escludiamo il breve periodo di Monowitz, la vita nella baracca insieme a tanti detenuti mi dava il senso di una socialità nuova, piú umana. Finché non compresi con maggiore chiarezza la posizione in cui mi trovavo.

– A Birkenau era dunque difficile orientarsi? – chiese Johanna.

– Si perdeva facilmente il senso della realtà e con esso la consapevolezza del luogo esatto in cui ci trovavamo.

– Non volevo interromperti. Cerco solo di capire... – gli disse Johanna, stringendo tra le sue una mano di Filip.

– Era appena spuntata l'alba, – riprese Filip, – quando venimmo chiamati al lavoro. Ricordo la giornata come se fosse adesso: fine estate, caldo e umido. Uscimmo tutti dalla baracca in colonna, intonando una canzone. Poi il gruppo si divise in tre squadre. La nostra passò davanti al lager delle donne ebree e raggiunse la zona dei crematori II e III, visibili anche da lontano a causa della ciminiera che era molto alta.

«Anche al crematorio II fummo divisi in diverse squadre di lavoro. Io facevo parte di un gruppo di venti uomini, destinati ai sotterranei. L'aspetto dei luoghi mi fece tremare d'orrore: c'era un vasto spogliatoio, dal quale si accedeva molto facilmente alla camera a gas che poteva contenere fino a tremila persone.

«Facendo i conti rapidamente, e considerando nell'insieme i quattro grandi crematori, mi resi conto che in ventiquattro ore si potevano incenerire fino a diecimila cadaveri!

«L'orrore che provavo crebbe quando venni a sapere che la vita degli uomini del Sonderkommando dipendeva dai trasporti di ebrei destinati allo sterminio.

«Se gli arrivi dei treni si susseguivano rapidi, il numero dei lavoratori della squadra speciale aumentava. Quando invece i trasporti diminuivano, per molti di noi ciò significava la morte immediata.

«Ogni giorno, sotto i nostri occhi migliaia e migliaia

di innocenti sparivano nei forni, senza lasciare traccia... uomini, donne, bambini... e noi ci sentivamo abbandonati, perché il mondo restava muto.

«Queste furono le ragioni principali che ci spinsero a pensare che forse, con il tempo, avremmo potuto organizzare una rivolta.

Johanna lo guardò negli occhi e le sembrò che Filip fosse ancora laggiú, che non avesse mai abbandonato quell'inferno. Gli chiese: – Ma come accadeva che tanti uomini, donne e bambini, scesi dai treni, venissero incamminati verso l'area dei grandi crematori?

– Come sempre venivano illusi che l'ingresso nel lager significasse per loro l'inizio di una nuova vita e che prima di tutto occorreva passare alla disinfestazione. Il viaggio era stato lungo e faticoso. Dopo una doccia... Ma questo te l'ho già raccontato. L'ingresso nell'area dei grandi crematori, invece, era sotto stretta sorveglianza armata delle SS.

«C'era un cordone di uomini armati con cani e mitragliatrici che spingevano nei sotterranei le loro vittime. Nei crematori II e III, due costruzioni identiche, lo spogliatoio occupava un'area di circa duecentottanta metri quadrati.

«Il luogo era interamente circondato dalle SS, i cani

abbaiavano e le mitragliatrici toglievano ogni speranza a chi entrava. Eppure nessuno di loro avrebbe mai immaginato che da lí a poco sarebbe stato ridotto in cenere.

«Nello spogliatoio, poi, le informazioni non mancavano: "Sii pulito", "Morte ai pidocchi", "Lavati!". E ai muri erano fissati dei ganci numerati, sotto i quali c'erano delle panche di legno dove ci si poteva sedere per spogliarsi piú comodamente.

«E in fondo allo spogliatoio, sulla sinistra, c'era la porta d'ingresso della camera a gas. Una porta che si apriva solo verso l'esterno ed era blindata.

«Le SS, travestite da infermieri e medici della Croce rossa, introducevano i cristalli dello Zyklon B dal tetto della camera a gas e in breve tutto era compiuto. Con cinque o sei barattoli di veleno si uccidevano fino a duemila persone. La morte per gas arrivava dopo dieci, quindici minuti di agonia, e all'apertura della porta... no, non ci si abituava mai!

3. L'idraulico della ditta Topf

La Topf und Söhne era un'azienda di costruzioni di Erfurt. Fondata nel 1878, era specializzata nei sistemi di combustione e aveva brevettato un «forno di cremazione continua dei corpi umani», vale a dire pensato proprio per essere impiegato nei campi di concentramento. Nel 1935 era riuscita a impiantare diversi crematori all'interno dei primi lager tedeschi. L'ingegnere che aveva ideato quel tipo di forni, Kurt Prüfer, iscritto al partito nazista insieme agli altri comproprietari dell'impresa, poteva fare progetti di sviluppo della sua azienda con la certezza che si sarebbero realizzati. A mano a mano che i campi di concentramento aumentavano di numero e i deportati crescevano in quantità, i forni crematori di Prüfer diventarono molto utili. Incenerendo i corpi direttamente all'interno dei lager, i nazisti non solo rispettavano il loro atavico culto dei morti, ma impedivano alla popolazione delle città vicine di capire quanti deportati e deportate morivano giornalmente in quei luoghi di terrore.

Ben presto, Prüfer fu considerato un mago della cremazione, in grado di risolvere tutti i problemi.

Quando nel giugno del 1942 Himmler decise che gli ebrei dell'Europa occidentale sarebbero finiti ad Auschwitz, si progettò di dotare il complesso concentrazionario di mezzi inceneritori assai potenti e l'ingegner Prüfer venne convocato alla Kommandantur del campo il 18 agosto 1942, in piena epidemia di tifo.

Nella riunione si decise che i crematori II e III, destinati a essere utilizzati per i bisogni del campo, sarebbero stati dotati di cinque forni a tre camere inceneritrici (per un totale di trenta camere inceneritrici); mentre i crematori IV e V destinati a servire i bunker 1 e 2, sarebbero stati dotati di un doppio forno a quattro camere (per un totale di otto camere inceneritrici).

Infatti, se i crematori II e III erano stati destinati all'intera popolazione che avrebbe riempito il grande lager di Birkenau, previsto per centocinquanta-duecentomila internati, i crematori IV e V erano pensati per l'eliminazione dei cadaveri degli ebrei assassinati nei bunker 1 e 2. Quando, alcuni mesi dopo l'agosto del 1942, si fece strada l'idea di procedere anche allo sterminio massiccio degli ebrei dell'Europa occidentale e si valutarono insufficienti allo scopo i bunker 1 e 2, in fase di costruzione si decisero delle trasformazioni radicali al progetto dei crematori gemelli II e III, per fare in modo che il deposito sotterraneo dei morti diventasse una camera a gas della capienza di millecinquecento-duemila persone.

Poiché il locale destinato a camera a gas era sotterraneo, coperto da uno strato di terra coltivato a prato, occorreva installare in entrambi i crematori un estrattore d'aria, per consentire, dopo la gasazione, un veloce ricambio. Senza estrattore d'aria, la stagnazione del gas avrebbe impedito di procedere rapidamente ad altre gasazioni.

L'esperto idraulico montatore della ditta Topf era Heinrich Messing, pronto a mettersi in viaggio verso Auschwitz già il 17 dicembre 1942.

Nato nel 1902, quando il partito nazista andò al potere nel 1933 Messing era iscritto al partito comunista tedesco. Per la sua attività politica venne arrestato e inviato per alcuni mesi in uno dei primi lager, nella Feldstrasse di Erfurt, destinati alla «custodia protettiva» di tutti i nemici del Reich hitleriano. Quando, nel 1946, la polizia sovietica arrestò alcuni ingegneri che avevano operato ad Auschwitz, Messing fu avvertito per tempo e si nascose per alcune settimane. Erfurt si trovava infatti in quella parte della Germania passata sotto il controllo dell'Unione Sovietica e, per riprendere una vita pubblica, l'idraulico di Auschwitz dovette ricevere dagli ex compagni di partito il riconoscimento di perseguitato dal regime nazista. Le notizie sul suo soggiorno a Birkenau scomparvero all'improvviso, e negli anni che seguirono Messing lavorò per la polizia, fino a ottenere la pensione come «vittima riconosciuta del nazismo». Dopo la sua morte all'età di ottantatre anni, si seppe che nel fascicolo che lo riguardava, compilato dalla Stasi (la principale organizzazione di polizia per la sicurezza e l'ordine della Repubblica democratica tedesca, vale a dire della Germania comunista), risultava solo che «durante la guerra [aveva] lavorato in Polonia per importanti imprese belliche».

La sua memoria di eroico antinazista venne confermata in una lapide apposta nel cimitero di Erfurt, nella quale si elencavano i nomi di tutti quegli abitanti della città che avevano svolto attività contro il regime.

Ma era vero? A parte il breve periodo di reclusione in un campo nazista, e la sua iscrizione al partito comunista clandestino, che cosa aveva fatto questo idraulico a Birkenau?

Capelli neri pettinati all'indietro, occhi scuri e naso pronunciato, viso ovale e orecchie piuttosto larghe, labbra sottili, Heinrich Messing aveva tenuto nascosta alla Topf und Söhne la sua militanza contro il regime. Lavorava sodo e andava dove i responsabili della fabbrica lo mandavano. Senza discutere.

Quando il 4 gennaio 1943, di primo mattino, si mise in viaggio per raggiungere Auschwitz, forse in compagnia del tecnico della Topf, reparto forni crematori, Wilhelm Koch, detto «Willi», che era già stato nel lager principale nell'autunno del 1940, forse Messing era del tutto all'oscuro del luogo in cui avrebbe dovuto installare un grande estrattore d'aria.

Dopo un lungo viaggio, arrivò a destinazione all'alba del giorno seguente; alla stazione trovò una macchina con un ufficiale delle SS e un autista che lo portò immediatamente a Birkenau nel crematorio II. Per prima cosa, Messing «lavorò per dieci ore al montaggio dei tiraggi forzati del camino», come scrisse lo storico Jean-

Claude Pressac; poi, per undici ore al giorno, senza pause a esclusione della domenica, si dedicò alla messa in opera, nel sotterraneo destinato a diventare camera a gas, del grande estrattore d'aria.

La messa in opera, attestata dal diario di lavoro di Messing, si concluse il 26 gennaio. Il suo soggiorno, tuttavia, continuò; dato che il vagone con i pezzi necessari per completare il sistema di ventilazione, spediti da Erfurt il 25 gennaio, arrivò solo il 3 febbraio con la metà di quel che sarebbe servito, per non restare inattivo Messing lavorò anche al montaggio del forno nel crematorio IV. Quando l'11 febbraio arrivarono le parti mancanti, l'idraulico si mise di nuovo al lavoro nel crematorio II (definito nei documenti «Cantiere 30»).

Il 10 marzo l'ingegnere della Topf Karl Schultze e l'operaio Heinrich Messing per sedici ore «collaudarono l'aerazione e la disaerazione della camera a gas del crematorio II» e, poiché l'impianto non sembrava completamente a posto, l'idraulico vi lavorò ancora per undici ore e, successivamente, per ulteriori quindici ore nella giornata del 13 marzo. Le prove erano state regolarmente effettuate con l'introduzione dello Zyklon B. In serata, verso le 23, il sistema di ventilazione fu dichiarato funzionante. Cosí nella stessa notte, tra il 13 e il 14 marzo 1943, millequattrocentonovantadue ebrei provenienti dal ghetto di Cracovia, donne, uomini, vecchi e bambini, dopo essersi spogliati in una baracca costruita vicino al cortile del crematorio, inaugurarono la nuova installazione. Attraverso i quattro fori che si trovavano sul tetto, quattro uomini delle SS versarono contemporaneamente nella camera a gas sei chilogrammi di Zyklon B. Poiché il comandante del campo Rudolf Höss considerava l'eliminazione di esseri umani mediante Zyklon B una morte pietosa e rapida, aveva suggerito di introdurre i granuli di veleno tutti in una volta. Servivano cosí quattro uomini, quanti erano i fori d'ingresso del gas, con contenitori di un chilogrammo e mezzo ciascuno. Quando accadeva che gli uomini fossero meno di quattro, nella camera a gas si scatenava il panico, perché chi si trovava in un'area in cui il veleno non era ancora stato introdotto si rendeva perfettamente conto di quel che stava succedendo. Cominciava allora quella che gli uomini delle SS chiamavano, cinicamente, la «lotta per la vita», un momento in cui i piú deboli soccombevano alla volontà dei piú forti di salvarsi a ogni costo. In cinque minuti tutte le vittime erano morte e in circa venti minuti l'aria della camera a gas era di nuovo respirabile, per consentire al Sonderkommando di fare il lavoro necessario: estrarre i corpi, condurli alla sala dei forni crematori e ripulire il locale. La mattina del 14 marzo, quando vide nella camera a gas un migliaio di corpi che sembravano dormire, Messing scoprí il risultato del suo lavoro. Partí da Auschwitz per tornare a Erfurt il 10 giugno 1943, ben sapendo che aveva collaborato a rendere realizzabile un crimine orrendo.

La verità sull'operato dell'idraulico Heinrich Messing venne alla luce molto tardi, all'inizio degli anni Novanta, in modo documentato; ma gli uomini del Sonderkommando avevano sperimentato l'efficacia del suo lavoro fin da subito, perché poterono entrare nelle camere a gas dei crematori I e II, dopo ogni gasazione, senza correre alcun rischio. I crematori IV e V, costruiti in altro modo, avevano le camere a gas al piano terra e non necessitavano di estrattori d'aria.

4. La sorte dei prigionieri del Sonderkommando e l'inizio dei pensieri di rivolta

La giornata era bella, nonostante il freddo. C'era il sole e Filip e Johanna decisero di fare una passeggiata nel parco, lungo il Meno, il fiume che attraversa Francoforte. Per Filip rimanere chiuso per ore nell'aula del tribunale era una pena, sebbene le grandi finestre permettessero al sole e alla luce naturale di penetrare in quel clima reso cupo e triste dai racconti dei testimoni. Documenti, testimonianze, filmati, fotografie erano usati per ricostruire i fatti e precisare le accuse contro gli imputati: venti uomini delle SS e della Gestapo che avevano avuto compiti di comando e responsabilità nello sterminio di centinaia di migliaia di ebrei.

– Agli inizi di maggio del 1944, – disse Filip, – essendo programmato l'arrivo massiccio di ebrei dall'Ungheria, il nuovo responsabile dei crematori, il capitano delle SS Otto Moll, decise di rafforzare l'unità del Sonderkommando. Vennero inseriti giovani ebrei provenienti dalla Grecia e il gruppo salí cosí a trecentootto uomini. Ma la foga dello sterminio, nonché i convogli di ebrei ungheresi che arrivavano senza posa con migliaia di uomini, donne, bambini, portarono ad accrescere ancora il numero degli uomini della squadra speciale, che raggiunse i novecento effettivi, divisi in due turni di lavoro, cosicché si era impegnati giorno e notte.

«Dopo quattro mesi di intensa attività, i treni cominciarono a diradarsi e la direzione del campo pensò a una riduzione del numero degli addetti ai crematori. Riduzione che voleva dire, senza ombra di dubbio, uccisione di una parte di noi. È anche per questa ragione che ci venne l'idea di una rivolta...

– Vi sentivate l'acqua alla gola! – lo interruppe Johanna.

– Andiamo per gradi, – disse Filip, mentre Johanna lo guardava in attesa di una risposta. – Per noi della squadra speciale la situazione, con il passare del tempo, si rivelava senza via d'uscita.

«Un giorno del 1943, mentre mi trovavo al lavoro nel crematorio V, arrivò un trasporto di ebrei dal ghetto di Białystok. Nello spogliatoio uno di noi riconobbe la moglie di un suo amico. Era da tempo che ci chiedevamo che cosa si potesse fare per salvare qualcuno, ma non avevamo trovato risposta a questa domanda. Una volta introdotti nello spogliatoio della camera a gas, per i deportati non c'era piú salvezza.

«Qualcuno di noi pensava che sarebbe stato onesto avvertire quei disgraziati che sarebbero morti di lí a poco, per consentire loro di vivere gli ultimi istanti tentando una disperata ribellione, oppure anche solamente pregando.

«Cosí, senza tanto pensare, quell'uomo disse alla donna: "Fra tre ore sarete cenere. Vi stermineranno". Poiché lo conosceva, la donna credette alle sue parole e si mise a correre gridando: "Ci ammazzeranno! Dobbiamo fare qualcosa, ci uccideranno". Le altre donne, che aiutavano i loro bambini a spogliarsi e a riporre i vestiti e le scarpe ordinatamente, pensarono che la giovane che urlava e si strappava i capelli fosse impazzita. Non le credettero. Sebbene fosse filtrata anche a Białystok la notizia dell'uccisione di migliaia di ebrei con il gas, nessuno era disposto a credere a una simile mostruosità.

– Che fine ha fatto quella donna?

– Tutti quelli che si trovavano nello spogliatoio entrarono in buon ordine nella camera a gas, mentre la giovane veniva trattenuta.

– E poi?

– È terribile, Johanna! Le SS la torturarono fino a farla parlare... a farle dire chi, tra gli uomini del Sonderkommando presenti, le aveva confidato quel segreto... Lei venne uccisa e l'uomo che l'aveva informata della sua sorte imminente fu preso e gettato vivo nel forno crematorio!

– Un esempio per tutti?

– No. Era successo piú volte che qualcuno di noi avesse parlato e, sempre, era stato scoperto e punito con la morte.

– Cosí avete pensato di provare a ribellarvi?

– Alla fine del 1943, quando fu chiaro a tutti che nessuno sarebbe venuto in nostro aiuto, ci chiedemmo come poter fermare quell'ondata di omicidi, e ci parve che la risposta dovesse essere una sola: la rivolta.

– Vuoi dirmi, – lo interruppe Johanna, – che l'idea di una rivolta venne dal desiderio di salvare le vite di quei poveri innocenti che finivano nelle camere a gas? Non pensaste a voi, alla vostra sorte?

– È cosí. Ci convincemmo che se fossimo riusciti a

impadronirci di qualche arma e a ottenere la solidarietà degli altri detenuti del campo, che da tempo avevano organizzato un comitato clandestino di resistenza, la nostra rivolta avrebbe avuto qualche possibilità di riuscita.

«Come ti ho detto, Auschwitz non era solo un luogo di sterminio: era un grande insieme di campi. I prigionieri politici del campo principale, di Monowitz e degli altri campi di lavoro avevano messo in piedi, fin dall'inizio, un'organizzazione che cercava di salvare il maggior numero di vite. Con il passare dei mesi, si era costituita una vera e propria centrale clandestina, la cui direzione era nelle mani di detenuti politici antinazisti di lingua tedesca e polacchi. Certo, erano pochi, rispetto alla massa degli internati, ma paradossalmente potevano agire anche grazie al fatto che le autorità del campo delegavano ai detenuti, per esempio ai kapo, quasi tutto il funzionamento dei vari lager.

«Il Primo maggio del 1943, festa tradizionale del movimento dei lavoratori che i tedeschi celebravano ormai come "giornata nazionale del lavoro" anche ad Auschwitz, numerosi uomini delle SS presero alcune ore di congedo e solo una frazione ridotta dei kommando di detenuti fu avviata al lavoro. Gli attivisti e i membri dei gruppi clandestini poterono cosí decidere di incontrarsi.

«La riunione si concluse con la nascita del "gruppo di combattimento di Auschwitz", a capo del quale furono scelti due polacchi e due austriaci. Lo ricordo bene: si trattava di Hermann Langbein, Ernst Burger, per gli austriaci, e di Tadeusz Hołuj e di Józef Cyrankiewicz, per i polacchi. Questo vertice coordinava i diversi gruppi nazionali e aveva il compito di favorire la loro collaborazione, ovviamente tenendo conto delle possibilità di azione concesse ai detenuti in un lager.

«I gruppi di resistenza dettero vita a diverse attività che a prima vista potrebbero anche sembrare insignificanti, ma che ad Auschwitz rappresentavano un contributo alla sopravvivenza quotidiana di molti internati.

«Inoltre, entrare in clandestinità come oppositori dei carnefici, per gli uomini e le donne prigionieri costituiva un modo per sentirsi ancora vivi e umani.

«Purtroppo, coloro che facevano parte dei nuclei clandestini erano perlopiú detenuti politici, e la loro vita non era in gioco come la nostra.

– Spiegati meglio, Filip, – gli chiese Johanna.

– All'inizio, tra il 1940 e il 1941, i prigionieri di Auschwitz erano in maggioranza polacchi antinazisti ed erano loro che pativano punizioni, violenze, malattie e fame. Poi arrivarono i prigionieri di guerra sovietici e la scure si abbatté su di loro, liberando in parte i polacchi da molte vessazioni.

«Infine, quando cominciò la deportazione degli ebrei, quasi tutti i russi erano stati assassinati e fummo noi a subire i peggiori trattamenti. Anche quando ci consideravano lavoratori necessari, noi ebrei eravamo sempre in pericolo. L'ordine di sterminarci tutti era chiaro.

«Non cosí per i polacchi. L'odio nei confronti degli ebrei, inoltre, non era solo appannaggio dei tedeschi o dei detenuti ucraini, ma era diffuso perfino tra i prigionieri polacchi, che spesso erano portati ad agire a loro danno. Se si doveva scegliere chi salvare in un'infermeria, l'ebreo veniva sempre per ultimo!

– Torniamo ai vostri propositi di rivolta e ai preparativi per realizzarla. Avevate senz'altro bisogno di qualcuno che avesse dimestichezza con armi ed esplosivi! Ma adesso mi chiedo: quali speranze potevate avere di sopravvivere? Le SS erano armate e abituate a combattere!

– Questo lo pensavamo anche noi, ma un episodio che

accadde proprio all'interno di uno spogliatoio a fianco della camera a gas ci convinse che non era proprio cosí. Il 23 ottobre 1943 erano giunti al campo ebrei dell'Est che avevano sentito parlare con insistenza dello sterminio e, cosí, per loro non servirono le parole rassicuranti degli ufficiali che li invitavano a spogliarsi e a fare una doccia per poi essere destinati a un lavoro utile al Reich. Quegli uomini e quelle donne non eseguirono gli ordini, cosí i carcerieri cominciarono a picchiarli e, estratte le pistole dalle fondine, li minacciarono con le armi. Quelli che si trovavano nelle prime file, allora, cominciarono ad arretrare e la confusione aumentò all'inverosimile. Molti deportati avevano il volto insanguinato, mentre altri, convinti ormai che ogni forma di resistenza sarebbe stata inutile, inziarono a spogliarsi.

«Noi del Sonderkommando assistevamo muti a questa scena.

«D'improvviso, una bella ragazza dai capelli neri, Franciszka Mann, nota ballerina polacca, attirò l'attenzione delle guardie. Aveva un corpo sinuoso e una bocca sensuale. Quando si accorse che dei soldati delle SS la guardavano con insistenza, cominciò a togliersi i vestiti come se fosse una spogliarellista in teatro. Visibilmente eccitati, i tedeschi non si occuparono d'altro; la divoravano con gli occhi. La ragazza si era ormai tolta la gonna e la camicetta ed era rimasta in sottoveste. Poi, appoggiando un piede sopra una panca, si chinò per togliersi la scarpa, mostrando alle guardie il suo fondoschiena. La scena che seguí si svolse alla velocità di un fulmine. Con il tacco appuntito della scarpa, la ragazza colpí in fronte, con forza, il maresciallo della Gestapo Walter Quakernack, che fece una smorfia di dolore e si prese il viso tra le mani. Nello stesso istante la giovane donna si gettò su di lui, prese la sua rivoltella e sparò un colpo contro un'altra SS, Wilhelm Hemmerich, che cadde a terra lanciando un grido di dolore. Aprendo il fuoco una seconda volta, la ragazza sparò contro Quakernack, ma lo mancò. Poi colpí il maresciallo SS Josef Shillinger, che cadde a terra morto. Un moto di panico si impadroní di tutti mentre la giovane si dileguava tra la folla dei presenti. In ogni istante, poteva riapparire e sparare ancora contro un altro militare. Gli uomini delle SS compresero il pericolo e, uno dopo l'altro, scivolarono fuori dallo spogliatoio, lasciando il loro compagno ferito a terra.

«A quel punto si spensero le luci e le porte vennero chiuse ermeticamente. Noi del Sonderkommando pensammo subito che saremmo morti insieme a tutta quella gente. Invece, dopo una decina di interminabili minuti, una sola porta venne spalancata, si accese un faro luminoso accecante e sentimmo un ordine: "Gli uomini della squadra speciale, fuori!" Allora, mentre un drappello di SS puntava due mitragliatrici sui prigionieri dello spogliatoio, ci precipitammo nel cortile.

«Una raffica di spari tolse a tutti loro la vita.

«L'indomani mattina, venni a sapere che l'SS ferita era morta durante il trasporto in ospedale e che il sergente delle SS Wilhelm Hemmerich era rimasto ferito seriamente.

«Il corpo della giovane ragazza che si era ribellata venne messo alla berlina affinché tutti i militi delle SS potessero vedere che fine aveva fatto.

– Ha avuto un coraggio da leonessa! – disse Johanna.

– Di storie simili, storie di donne e uomini che si ribellarono quando compresero che per loro non ci sarebbe stato piú nulla da fare, ce ne sono molte. E tutte ci raccontano non solo del desiderio di combattere e di resistere contro gli assassini, ma anche di come fosse facile creare scompiglio tra le truppe scelte delle SS.

– Che cosa intendi dire?

– Che non tutti i guardiani del lager erano preparati a respingere una rivolta o anche solo una qualche forma di resistenza. Molti di loro avevano scelto di prestare servizio nei lager e ad Auschwitz perché non volevano finire a combattere sui vari fronti di guerra. Ai loro occhi era un compito assai piú facile!

– Uccidere degli innocenti... ma è terribile!

– Oggi posso raccontarti quel che è successo, i fatti cosí come si sono svolti. Posso parlare con i giudici e portare delle prove perché i colpevoli siano puniti... Ma certo mi è difficile spiegarti perché... perché uomini e donne come noi si sono prestati a compiere questi crimini. Sapevano bene che quel che facevano era un crimine assoluto, altrimenti le operazioni di sterminio non sarebbero state nascoste ai piú e noi del Sonderkommando, che vivevamo nel centro di quell'inferno, non saremmo stati isolati dagli altri.

– Hai ragione. Ci vorranno anni e anni per capire le ragioni profonde, al di là dell'odio razziale, che hanno indotto gente civile a compiere crimini tanto efferati.

– In ogni caso, alcune fonti della resistenza interna facevano da tempo circolare la voce che, con l'avvicinarsi delle truppe sovietiche, la Kommandantur del campo avrebbe provveduto alla liquidazione di tutti i prigionieri ebrei e al trasferimento degli altri in lager della Germania piú lontani dal fronte. Cosí, poiché eravamo noi ebrei i piú minacciati, fissammo la data della rivolta per la metà del mese di giugno del 1944, convinti che i nostri carcerieri non avrebbero saputo reagire a una sollevazione generale.

– Che cosa intendi quando dici «noi ebrei»? C'era qualcuno che preferiva aspettare ancora l'arrivo dell'Armata rossa?

– Sí. I prigionieri polacchi, gli austriaci, i tedeschi, in breve i non ebrei, non si sentivano cosí in pericolo. Tutti sapevano che una sollevazione di massa avrebbe provocato molte vittime. Eravamo convinti che ci saremmo salvati in pochi, ma quanto bastava per gridare al mondo la verità di ciò che stava accadendo ad Auschwitz. Sapevamo anche che noi ebrei saremmo morti comunque... non ci avrebbero certo lasciato in vita. Per questo potevamo giocarci il tutto per tutto!

«Preparammo dunque nei dattagli le varie fasi della rivolta, scegliendo anche quei compagni che parlavano bene il tedesco e che a tempo debito avrebbero dovuto travestirsi da SS. Dovevamo cominciare a neutralizzare i nostri guardiani nel settore dei crematori IV e V. Centoquaranta uomini contro sette SS dovevano farcela agevolmente. In seguito, sarebbe toccato ai centottanta uomini dei crematori II e III uccidere le guardie e impadronirsi delle loro divise e delle armi. Travestiti da SS, alcuni prigionieri avrebbero poi dovuto disarmare gli uomini delle torrette di guardia, tagliare le linee elettriche e telefoniche e dare il segnale della rivolta. La fuga generalizzata dei detenuti avrebbe portato scompiglio, e molti, i piú forti, raggiunta la foresta, si sarebbero potuti nascondere in attesa dell'aiuto della resistenza polacca.

«L'altro obiettivo importante era fare saltare i crematori con la dinamite.

– Ecco, per le armi e le divise ho capito come avreste fatto. Ma per la dinamite? Chi ve la procurò?

– Ora è tardi e dobbiamo rientrare in tribunale. Ma ricordati questo nome: Róża Robota. È di lei che devo parlarti.

5. La storia delle donne della Weichsel-Union-Metallwerke

Il 5 marzo 1943, giorno in cui un bombardamento aereo britannico distrusse le officine del gruppo industriale di armamenti Krupp della città di Essen, l'Ufficio centrale SS per l'economia di guerra e alcuni rappresentanti dell'azienda proposero di spostare la fabbrica di munizioni ad Auschwitz, precisando che non sarebbe stato necessario costruire un capannone per ospitarne la produzione. Qualche tempo dopo, i rappresentanti della Krupp ipotizzarono che la fabbrica dislocata ad Auschwitz fosse in grado di produrre cinquecentomila proiettili al mese, occupando millecinquecento detenuti. Tuttavia, i lavori per mettere a punto la fabbrica andarono per le lunghe. Cosí, i vertici della Wehrmacht decisero di affidare la produzione alla Weichsel-Union-Metallwerke in uno stabilimento distante poco piú di trecento metri dall'ingresso del campo principale. In breve, la Union-Werke occupò oltre duemila prigionieri.

I detenuti che lavoravano nel comparto delle polveri erano tenuti sotto stretta sorveglianza e, durante le pause, non potevano incontrarsi con altri lavoratori.

Per i propositi di rivolta, in ogni caso, la dinamite era indispensabile. Come fare a ottenerla nella quantità utile?

A tale scopo si dedicarono alcune donne che lavoravano nel settore della polvere da sparo. Fu Róża Robota, allora ventitreenne, addetta al deposito dove i membri del Sonderkommando portavano i vestiti delle vittime delle camere a gas, a impegnarsi in questa rischiosa operazione.

Prese contatti con Hana Wajcblum, la quale a sua volta parlò con la sorella Estusia, che lavorava proprio alle polveri. Insieme a Genia Fischer e a Ruzja Grunapfel, Estusia cominciò a raccogliere polvere da sparo che nascose nelle cuciture dei vestiti. Al rientro a Birkenau faceva in modo di farla avere a Róża Robota, che la nascondeva e la passava, quando era possibile, agli uomini della squadra speciale che stavano organizzando la rivolta.

Ogni volta che le detenute operaie tornavano al campo, le guardie delle SS le perquisivano alla ricerca di vestiti o di cibo vietati. Per fortuna non pensarono mai che, nascosti vicino alle parti intime, ci fossero dei sacchetti di esplosivo.

Róża Robota, allora, lo recuperava dal Blocco 15, dove veniva nascosto, e lo portava con sé al lavoro, per farlo arrivare a destinazione.

Sapeva bene che la polvere da sparo sarebbe servita a fare saltare in aria i crematori, per interrompere, o quantomeno mettere in seria difficoltà, dopo la rivolta, la prosecuzione dello sterminio.

Dopo la rivolta, i tedeschi cominciarono a cercare i complici e soprattutto si chiesero chi mai avesse potuto trafugare dalla fabbrica la polvere da sparo.

Arrestarono le donne della sezione polveri e fu Ala Gertner, sotto tortura, a fare alcuni nomi, tra i quali quello di Estusia. Le prime detenute arrestate dovettero firmare una dichiarazione nella quale, tra l'altro, era scritto: «Sapevo bene a che cosa doveva servire la polvere da sparo che era stata trafugata, ed ero consapevole che il mio operato avrebbe messo in pericolo il campo».

Róża Robota fu la quarta donna a essere arrestata. Si racconta che Karl Brock, della Gestapo del campo, l'avesse fatta uscire dalla baracca per picchiarla fino a che non avesse parlato. Una testimone ha raccontato: «Qualche ora dopo, ho visto la ragazza completamente sfinita, ferita e stordita dai colpi ricevuti. I suoi vestiti erano stracciati dalla violenza delle botte e si notava il suo petto nudo, ma lei mi sembrava totalmente indifferente a quel che le stava accadendo».

Nel corso dell'interrogatorio, Róża confessò di aver consegnato l'esplosivo a Yokel Wróbel, un amico d'infanzia che faceva parte del Sonderkommando; ma era inutile pensare di interrogarlo a sua volta, perché era già morto. E si può certo supporre che la ragazza avesse fatto quel nome proprio perché sapeva che in quel modo non avrebbe danneggiato nessuno. Dichiarò inoltre di ignorare a che cosa dovesse servire la polvere da sparo. Dopo l'interrogatorio, fu condotta in una cella sotterranea, dove una guardia cercò di darle un po' di pane e acqua, ma lei non era piú in grado di mangiare e di bere.

Presto la notizia dell'arresto di Róża si diffuse tra i suoi compagni della resistenza e tutti compresero di essere in pericolo. Nonostante la loro fiducia in Róża, temevano che non avrebbe sopportato per molto tempo la tortura. In particolare, il prigioniero elettricista Noah Zabludowicz, che aveva fatto da collegamento tra il movimento clandestino e la ragazza, si sentí in pericolo.

«Ogni notte, ci aspettavamo di essere arrestati, – scrisse piú tardi Israel Gutman, uno dei responsabili del movimento clandestino. – Mentre eravamo al lavoro, avevamo l'impressione che ogni nazista che entrava in officina venisse proprio a cercare noi. È una sensazione terribile sentirsi preda di un pericolo imminente e non poter fare nulla per evitarlo. Ma non era la morte ad angosciarci; nel corso degli anni ci eravamo abituati a questa idea e per noi era diventata una vecchia conoscenza. Ma avevamo terrore della tortura e temevamo, proprio noi ebrei, di essere travolti dal dolore e di far crollare tutto il nostro progetto di rivolta. I giorni passavano e noi sapevamo che ogni mattina la povera Róża veniva portata alla sezione di polizia politica del campo. La sera, la riconducevano in cella. I suoi vestiti erano stracciati e aveva ferite sempre aperte sulle braccia e sulle gambe. Il suo volto era ormai irriconoscibile. Quando riuscivamo a incontrarla, cercavamo di catturare il suo sguardo, per farle sapere, come facevano anche molte delle sue compagne, che eravamo preoccupati per lei. Ma lei non riconosceva nessuno.

Camminava sostenuta da due guardie perché le forze la stavano abbandonando».

Il sergente delle SS Perry Broad, che all'epoca aveva ventitre anni ed era in servizio presso la Gestapo del campo, nella sua memoria al processo di Francoforte racconta di torture sempre nuove e terribili, come quella di versare acqua bollente nel naso delle vittime.

Tra le donne arrestate e torturate, solo Róża Robota conosceva i nomi dei deportati appartenenti alla cellula dei resistenti, ma, nonostante il martirio, non parlò.

Il suo coraggio salvò innumerevoli vite. Quattro settimane dopo l'arresto, venne assassinata.

Secondo quanto ha scritto Israel Gutman, dopo avere corrotto il kapo del bunker dove era prigioniera Róża, Noah Zabludowicz entrò nella sua cella: «Sono entrato nella cella di Róża. Sul cemento freddo, giaceva una figura simile a un mucchio di stracci. Al cigolio della porta che si apriva, si girò verso di me... Mi disse che non aveva tradito nessuno e che desiderava fare sapere ai suoi compagni che non avevano nulla da temere». Poi, con un filo di voce, aggiunse che sapere che la lotta continuava le rendeva piú facile morire. Le sue ultime parole furono: «Siate forti e abbiate coraggio».

6. La rivolta

Il processo di Francoforte contro i venti imputati di Auschwitz era ormai concluso e si aspettavano le sentenze.

Filip, oppresso dai ricordi e dalle tante contestazioni mosse alla sua testimonianza dagli avvocati degli imputati nel corso del dibattimento, disse a Johanna che non avrebbe piú parlato della sua storia.

– Nessuno mi crede! La maggior parte di coloro che mi ascoltano mi guarda come se fossi colpevole... Noi del Sonderkommando eravamo a contatto con coloro che sono scomparsi e soltanto noi possiamo raccontare gli istanti finali delle loro vite. Solo noi possiamo raccontare lo sterminio. Ma il mondo ancora oggi non vuole conoscere la verità!

– Io sono qui, Filip, e ti ascolto. Verrà il giorno in cui la vostra voce sarà considerata con rispetto, e allora tutti potranno sapere... L'avervi costretti a collaborare a un crimine cosí grande è stato uno dei maggiori atti di crudeltà dei nazisti. Tu non devi smettere di parlare, non puoi ridurti al silenzio. Ma ora ti resta di raccontarmi della rivolta, l'unica nella storia di Auschwitz.

Filip accennò un sorriso e cominciò il suo racconto:

– Verso la fine di maggio del 1944, Otto Moll, maresciallo maggiore delle SS e comandante responsabile dei crematori, decise di isolare ulteriormente gli uomini del Sonderkommando dagli altri detenuti. Il personale dei crematori II e III fu alloggiato nelle soffitte degli edifici, mentre gli addetti ai crematori IV e V vennero acquartierati nello spogliatoio del crematorio IV, accanto al quale venne costruita una baracca in legno che doveva servire come luogo di raccolta e svestizione delle vittime destinate al gas.

«Questa novità rendeva piú difficile la riuscita del nostro piano di rivolta. Del resto, noi del Sonderkommando eravamo rimasti soli, abbandonati anche dai movimenti clandestini di resistenza non ebraici.

«Lo sterminio degli ebrei ungheresi e dei sinti e rom si concluse verso la fine di agosto del 1944, quando il numero degli uomini della nostra squadra speciale aveva raggiunto le ottocentosettantaquattro unità. Era evidente a tutti che i tedeschi avrebbero ridotto i prigionieri del Sonderkommando se il "carico di lavoro", come lo definivano loro, fosse diminuito radicalmente. Ridurre voleva dire: assassinare. Era già successo e poteva succedere ancora.

«Nel pomeriggio del 23 settembre 1944 tutti i detenuti della nostra squadra dovettero presentarsi nel cortile che separava i crematori IV e V, e il sergente maggiore delle SS Hubert Busch, responsabile del kommando dei crematori IV e V, disse che aveva bisogno di trecento uomini per un lavoro nel lager di Gleiwitz, dipendente da Auschwitz, dove le condizioni di alloggio e il vitto sarebbero stati migliori.

«Rivedo tutto come allora: un silenzio di morte regnava nel cortile. Nessuno di noi si muoveva; soprattutto i nuovi arrivati erano raggelati dalla paura. Sapevano bene che cosa significasse quella proposta. Passò qualche minuto, poi Busch e Johann Gorges procedettero alla selezione. Tutti coloro che avevano un numero di matricola basso, e dunque erano al campo da molto tempo, vennero esclusi.

«Poco dopo, SS armate condussero via i detenuti selezionati e li portarono nell'area del nuovo Canada, il deposito dei beni sequestrati agli ebrei. Lí, introducendoli nelle camere predisposte alla disinfestazione degli indumenti, li gasarono con lo Zyklon B.

«Per nascondere questo crimine ai superstiti del Sonderkommando, furono le stesse SS a procedere all'incenerimento dei corpi.

«Trascorsero alcune settimane, poi, all'inizio del mese di ottobre, il sergente maggiore delle SS Hubert Busch convocò i kapo dei crematori e disse loro che aveva bisogno di trecento uomini da inviare in Alta Slesia a liberare le strade dalle macerie dei bombardamenti alleati. Diede l'ordine di presentarsi entro ventiquattro ore con un elenco di trecento uomini e il loro numero di matricola.

«Sapevamo che anche questa selezione significava la morte, e i nostri kapo si trovarono cosí costretti a risolvere un caso di coscienza disperato. Dopo lunghe discussioni e una notte insonne, si decise di non inserire nella lista i compagni piú adatti a un'azione di resistenza. Furono lasciati fuori tutti quei vecchi membri del Sonderkommando che avevano dato prova di coraggio e tenacia e che sapevano come muoversi nel campo. Ciascuno di noi proponeva ai kapo dei nomi di persone considerate indispensabili in caso di rivolta. Alla fine, i trecento detenuti indicati nella lista erano in gran parte ebrei ungheresi e greci. Gli ultimi arrivati.

«Tuttavia, prima che l'elenco venisse consegnato a Busch, alcuni prigionieri che ne facevano parte dissero che non sarebbero mai andati alla morte senza resistere. Aggiunsero inoltre che l'ora della rivolta era giunta. A quella data, il totale degli uomini del Sonderkommando era di seicentosessantatre unità.

«Decidemmo allora di informare il comando centrale della resistenza che per noi era giunto il momento della sollevazione. Verso mezzogiorno gli uomini addetti a portare i pentoloni con la zuppa informarono i nostri agenti di collegamento e rimanemmo in attesa di una risposta. In serata, con la brodaglia della cena, ci fecero sapere che la decisione del comitato centrale era quella di evitare a ogni costo la rivolta, che avrebbe provocato nel campo una vera e propria catastrofe.

«Le armate sovietiche erano vicine e i tedeschi in fuga. Il campo sarebbe stato liberato presto. Inoltre, tra le varie argomentazioni, una riguardava i detenuti ammalati e feriti che non avrebbero mai potuto mettersi in salvo.

«Cosí, l'elenco venne consegnato al comando delle SS, dopodiché trascorsero alcuni giorni senza che nulla accadesse. Gli uomini finiti sulla lista erano presi da un nervosismo febbrile e si impegnavano in un'attività insolita e instancabile. Si preparavano a combattere contro i tedeschi e a dare alle fiamme il crematorio IV.

«L'indomani, 7 ottobre, il cielo era azzurro e senza nuvole. Era Shabbat, per gli ebrei il giorno del riposo, perché nella nostra religione ricorda il settimo giorno della Creazione... Il sergente delle SS Johann Gorges si presentò all'improvviso insieme ad altri ufficiali. La visita era insolita a quell'ora e questo mise tutti in allarme.

«Subito Gorges convocò tutti nel cortile, a eccezione di quattordici di noï che erano impegnati a preparare i pasti. Hubert Busch cominciò a fare l'appello, chiamando a uno a uno i trecento nomi che figuravano nell'elenco. A volte nessuno rispondeva all'appello, persino quando l'ufficiale ripeteva il nome. Dovevano essersi nascosti da qualche parte. Cosí alcune guardie ebbero l'ordine di recarsi al crematorio IV per scovare i fuggitivi. Mentre i soldati si dirigevano verso il fabbricato, una pioggia di sassi e pietre li colpirono e alcuni di loro furono feriti o storditi. Altri uomini del Sonderkommando attaccarono i carcerieri con coltelli, martelli e spranghe di ferro. Prese alla sprovvista, le SS cercarono di scappare come poterono.

«D'improvviso, il crematorio IV prese fuoco. Alimentato dai paglierìcci dei letti, l'incendio in breve raggiunse le travi del tetto.

«Erano passati solo cinque minuti quando le sirene d'allarme del campo si misero a urlare. Poco dopo, camion carichi di uomini delle SS, in assetto di guerra, si diressero verso la zona dei crematori IV e V. In breve circondarono l'area, posizionarono le mitragliatrici e fecero fuoco sui rivoltosi.

«Le armi automatiche crepitavano, le pallottole fischiavano e gli uomini cadevano a terra, colpiti come lepri in una battuta di caccia. Alla fine, la maggioranza dei detenuti ancora in vita si diresse verso il reticolato per tentare di aprire una breccia e fuggire. Non sapevano esattamente da quale parte scappare, ma per loro l'essenziale era abbandonare quel cortile; forse si sarebbero diretti verso il crematorio V, per raggiungere poi la strada.

«Io ero rimasto nel cortile, dove tutti correvano in

modo disordinato. Per non essere ferito o ucciso, mi misi a correre fino al crematorio IV e mi gettai a terra a qualche metro dall'entrata. Speravo di raggiungere il crematorio in fiamme al piú presto. Raccolsi tutte le mie forze e feci un balzo attraverso la porta. All'interno, tutto era preda del fuoco. In mezzo a quel caos, mi venne un'idea. Potevo nascondermi nel passaggio che collegava il forno al camino. Aprii un pesante coperchio, mi arrampicai all'interno e richiusi. Quando il rumore della sparatoria cessò, mi mossi e arrivai fino al camino, dove avrei potuto rimanere in piedi.

Nella foga del racconto, Filip si era alzato in piedi e accompagnava le parole con gesti delle mani che si muovevano vorticosamente nel vuoto quasi a disegnare gli spazi angusti dove era riuscito a nascondersi.

– Tornò la calma e cominciai a credere di avercela fatta. Ma questa breve tregua fu brutalmente interrotta da un baccano infernale. Erano i vigili del fuoco che, intervenuti sul luogo, cercavano di spegnere l'incendio. L'acqua entrava anche dal camino e mi bagnò tutto. Allora mi infilai nel cunicolo di evacuazione in attesa che la situazione si normalizzasse. Quando tutto fu di nuovo tranquillo uscii dal nascondiglio e con prudenza mi avvicinai alla finestra che dava sul cortile. Il prato era coperto di cadaveri. Dei soldati delle SS passavano da un corpo all'altro per assicurarsi che tutti fossero morti. Ero scampato a quel massacro, ma ora non sapevo come fuggire da lí.

«Dopo averci pensato, decisi che fosse necessario aspettare l'oscurità. Dovevo tentare di neutralizzare due SS, prendendole alle spalle, con un solo colpo ben piantato, usando un attizzatoio di ferro, e in seguito evadere con il favore della notte.

«Fuori il cielo era pieno di stelle e una luna pallida illuminava la campagna circostante. Nel silenzio della notte, udivo solo il mio respiro.

«Il crematorio IV era distrutto e restavano in piedi solo alcuni muri esterni e quella parte di camino che mi aveva protetto. Era evidente che fosse ormai fuori uso.

«Subito mi accorsi che la guardia era stata rafforzata e capii che il mio progetto di fuga non aveva possibilità di riuscita.

«Tornai dunque sui miei passi e riguadagnai il nascondiglio. Per il momento era il rifugio piú sicuro. Tentai di dormire, ma il mio sonno fu agitato e breve. Ero ancora nel dormiveglia quando udii la voce di Schlojme, il kapo venuto a controllare lo stato del crematorio. Allora aprii il portellone del cunicolo e sgattaiolai fuori. Schlojme mi fece segno di uscire. Feci una corsa e arrivai nel cortile dove ormai tutto era in ordine, cosí mi unii a un gruppo di detenuti che stava caricando dei corpi su un carretto.

«Dovevo essere sporco e in pessime condizioni. Il kapo mi portò dei vestiti puliti e, dopo essermi lavato, tornai al lavoro.

«Nel pomeriggio, alcuni camion si fermarono davanti al crematorio V. Erano pieni di morti che noi dovevamo scaricare. Mi accorsi che si trattava dei cadaveri dei nostri compagni del crematorio II e III. Uccisi da raffiche di mitra.

«Venni cosí a sapere che cosa era successo in quella parte del campo, mentre da noi bruciava il crematorio IV e grandinavano pallottole. I detenuti che si trovavano al lavoro in quel settore dei crematori, alla vista delle fiamme e del fumo nero e sentendo le raffiche di mitra, compresero di essere in grande pericolo. I prigionieri russi che facevano parte della squadra allora presero l'iniziativa: si scagliarono sul loro kapo, di nome Niemiec, e lo gettarono nel forno. Fecero lo stesso con una SS e ne uccisero altre con il lancio di alcune granate che tenevano nascoste da tempo.

«Infine, senza perdere tempo, con l'aiuto di pinze isolanti tagliarono parti del filo spinato che circondava l'area e, prima di fuggire, anche quello del campo delle donne, per consentire pure a loro di evadere. Poi si diedero alla fuga.

«Nel frattempo, il corpo di guardia si era riorganizzato e si preparava al contrattacco.

«Alcuni detenuti, superata la linea di sorveglianza, avevano preso a correre in direzione del villaggio di Rajsko, scontrandosi con soldati delle SS in assetto di guerra che erano stati avvertiti dal comando. Allora alcuni fuggitivi si rifugiarono in un fienile, dove ci fu un violento scontro prima che l'edificio di legno e paglia prendesse fuoco. La cosa successe cosí rapidamente che i fuggiaschi furono costretti a lasciare il loro nascondiglio e a scontrarsi faccia faccia con le SS in aperta campagna. Malgrado il loro coraggio, il rapporto di forze era sproporzionato. Le SS avevano il vantaggio dei numeri e delle armi, mentre i nostri compagni avevano come unica risorsa quella di battersi con forza fino all'ultimo respiro.

«Circa quattrocentocinquanta uomini del Sonderkommando morirono nel corso di quelle ventiquattro ore di rivolta. Molti di piú dei trecento che erano richiesti dalle autorità del campo. Ma quegli uomini avevano lottato coraggiosamente, preferendo una morte degna a una sottomissione passiva. Fino all'ultimo, avevano difeso la loro vita e la nostra, esempio unico nella storia di Auschwitz. Uno dei simboli dello sterminio era stato distrutto, e anche se questo non bastava a fermare i crimini nazisti, erano riusciti a sorprendere e umiliare i loro carcerieri.

Epilogo

Filip accompagnò Johanna alla stazione. Il processo era finito e si preparavano a tornare a casa. Johanna era assolutamente convinta che la storia del suo amico sarebbe diventata di dominio pubblico assai presto; Filip, invece, sapeva bene che tutta quella vicenda sarebbe stata messa a tacere, perché nelle ricostruzioni storiche gli uomini dei Sonderkommando non venivano menzionati come vittime bensí come collaboratori di cui vergognarsi. Tuttavia, grazie a Johanna aveva capito che non avrebbe dovuto fare cadere nell'oblio la sua storia, e si propose di scriverla. Lui non era uno scrittore, piuttosto un musicista fallito, ma una soluzione l'avrebbe trovata.

Il treno per Linz era in ritardo. Si sedettero su una panchina e ricominciarono a parlare di Auschwitz.

– Dopo la rivolta restammo in duecento a lavorare nei

crematori... Non abbiamo mai saputo quanti dei detenuti fuggiti ce l'avessero fatta!

– Poi che cosa è successo?

– Continuavamo a bruciare i morti nei tre crematori rimasti attivi. Però avevamo la sensazione che presto avremmo lasciato Auschwitz. Ci facevano chiudere le fosse di cremazione e una squadra di lavoratori cominciò a piantare alberi al loro posto. Sapevamo che i sovietici erano alle porte. Tuttavia trasporti di ebrei e persino di sinti e rom continuavano ad arrivare.

Si interruppe, come se qualcosa di improvviso gli fosse tornato alla mente. I suoi occhi si riempirono di lacrime.

Johanna gli prese la mano e la strinse.

– Un giorno, un piccolo gruppo di ebrei slovacchi arrivò al crematorio V. Mentre si stavano spogliando, mi accorsi che tra loro c'erano tre persone della mia città che conoscevo. Si trattava dei fratelli Klug e di Klara Sonnenfeld. La donna aveva con sé una grossa cesta dove dormiva un neonato. Quando Gorges, il sergente delle SS, se ne fu andato, mi avvicinai a Erwin Klug, che allora poteva avere quarantacinque anni e a Sered' aveva una carrozza con cavalli. Gli chiesi se mi riconosceva. Mi guardò attentamente e con un cenno della testa mi rispose di no. La cosa non mi sorprese perché ero diventato calvo, magro, avevo gli occhi rossi e un aspetto tremendo. In piú indossavo il vestito a righe dei deportati, sporco e... Insomma, ero proprio malconcio e offrivo di me uno spettacolo insolito per delle persone appena arrivate da una città. Gli dissi: «Sono Filip, il figlio di Jpi Müller, certamente a Sered' mi avrete visto!»

«Allora si ricordò di me. Mi disse che sulla banchina d'arrivo del treno erano stati selezionati per la Sauna, il locale che serviva alla disinfezione dei nuovi deportati, ma dopo essersi spogliati per andare sotto le docce, con altri prigionieri erano stati invitati a rivestirsi e ad aspettare istruzioni. Qualche minuto dopo erano stati accompagnati al crematorio V, senza sapere ovviamente di che cosa si trattasse.

«I carcerieri si erano accorti che i due fratelli, scelti per il lavoro, avevano un cinto d'ernia, cosa che non avevano notato vedendoli vestiti, mentre la donna, pur giovane e forte, portava con sé un neonato.

«Mentre i miei compatrioti mi guardavano con ansia, impazienti di conoscere il loro destino, mille pensieri turbinavano nella mia testa. Come informarli che era arrivata la loro ultima ora? Mentre nella stanza accanto si facevano gli ultimi preparativi per eliminare tutta quella gente, con la voce tremante di emozione suggerii loro di recitare insieme il Kaddish, la preghiera per i defunti. Poi mi allontanai, senza piú dire niente, e mi diressi nel locale dei forni.

«L'ultima gasazione a Birkenau ebbe luogo il 2 novembre 1944. Alcune settimane dopo, il 23 del mese, cominciò lo smantellamento del crematorio II, mentre il 1º dicembre venne distrutto il III.

«Quando ebbero inizio le marce di evacuazione, io riuscii a nascondermi tra la folla dei deportati e a lasciare Auschwitz.

«Ero stato tre anni nelle camere a gas. Da quel momento, avrei dovuto cominciare una nuova vita!

Il treno con a bordo Johanna si mise in movimento.

Filip rimase solo sulla banchina a guardare l'ultimo vagone che lasciava la stazione di Francoforte.

Si sentí piú leggero, sgravato da quel senso di oppressione che, dal giorno in cui era stato liberato, gli teneva il cuore stretto in una morsa.

Decise che doveva scrivere qualcosa della sua storia terribile, per lasciare una traccia di quello che aveva vissuto, come avevano fatto già durante la prigionia alcuni suoi compagni del Sonderkommando, per esempio Salmen Gradowski, morto nel corso della rivolta, che aveva deciso di seppellire nella terra dei crematori il suo grido di dolore per raccontare al mondo quel che aveva visto ed era stato costretto a fare nel corso della sua reclusione ad Auschwitz.

Camminando verso l'albergo, lungo la riva del Meno, Filip si convinceva sempre piú che questo fosse il suo dovere: raccontare al mondo la sua storia.

Solo cosí, forse, sarebbe guarito dal senso di colpa che lo abitava e che tornava a galla sempre piú spesso nella vita di tutti i giorni, minandogli persino la salute fisica, riducendogli la capacità di gioire e di godere della normalità quotidiana ritrovata.

Dire tutto, come aveva fatto con Johanna, incalzato dalle sue domande e stimolato dal suo silenzio, dalla sua vicinanza; ma questa volta scrivendo e pensando a un lettore che non avrebbe mai potuto incontrare e vedere di persona.

Assai diverso era lo stato d'animo di Johanna. Filip, nel corso dei loro incontri, le era sembrato quasi un automa. Un uomo che, raccontando la sua storia, non riusciva quasi piú a piangere, a provare dentro di sé il dolore di quella vita. Come se fosse anestetizzato. Sí, la parola giusta doveva essere quella: anestesia. Essere feriti, vivere accanto alla morte atroce degli altri e non sentire nulla, fino a rischiare seriamente di perdere la propria umanità.

Una domanda l'assillava: «Perché Filip e i suoi compagni hanno accettato quel compito?»

Il treno correva in mezzo al verde della campagna e sfrecciava davanti alle tante case che costeggiavano i binari. Si vedevano contadini al lavoro, uomini e donne in bicicletta o in sella alle motociclette che tornavano nelle loro case. Tutto scorreva nella norma; la vita era tornata a prevalere su tutto, e la guerra, con i suoi orrori e le sue ferite, era stata dimenticata, rimossa.

Gli uomini del Sonderkommando erano in realtà degli schiavi, spesso abbrutiti dall'alcol, con il quale cercavano di allontanare dalla realtà la strage quotidiana che erano obbligati a portare a termine con il loro lavoro, per fare scomparire i cadaveri. Questo pensava ora Johanna.

«Come e perché era stato possibile?» continuava a chiedersi.

Il contrasto forte con l'immagine dell'uomo o della donna che prova pietà e dolore davanti alla sofferenza dell'altro non smetteva di turbarla. Eppure, si diceva, pietà e brutalità possono coesistere nello stesso individuo e nello stesso momento, contro ogni logica.

Forse, se Filip fosse riuscito a rimanere lucido, e a provare dolore per le sofferenze di tutti coloro che entravano nello spogliatoio dei crematori, non avrebbe potuto sopravvivere.

Forse solo ai santi è concesso il dono terribile della pietà verso i molti; agli uomini del Sonderkommando – come a tutti noi – non restava, nel migliore dei casi, se non la pietà occasionale indirizzata al singolo, proprio come era accaduto a Filip.

Avere concepito e organizzato le squadre di uomini addetti ai crematori e alle camere a gas, si disse Johanna, era stato il delitto piú demoniaco del nazismo.

Lei non poteva giudicare, ma nemmeno ad altri uomini e donne sarebbe stato concesso. Ora lo sapeva: la condizione di offeso, di vittima, non escludeva la colpa, spesso, come nel caso di Filip, oggettivamente grave. Ma quale tribunale umano avrebbe mai potuto stabilirne la misura, individuando anche una pena adeguata?

Qualcuno aveva scritto, ora Johanna non ricordava bene chi e dove, che tutti coloro che, con la forza e l'oppressione, la minaccia e la tortura, si accaniscono contro altri esseri umani sono colpevoli non solo del male che commettono, ma anche della perversione che inducono nell'animo delle loro vittime che, per sopravvivere, accettano di collaborare al male.

Johanna si rendeva conto di quanto fosse difficile pensare alla storia di Filip e del Sonderkommando.

Di una cosa sola era certa: era stato importante per lei conoscerla. Ora avrebbe avuto il tempo per capirla, per ripensare a Filip come a un uomo logorato e forse anche corrotto dal compito cui era stato obbligato, e che oggi cercava di tornare a far parte del consesso umano.

Arrivò alla stazione di Wels quasi senza rendersene conto, assorta com'era in questi gravi pensieri. Tra i tanti dubbi, tuttavia, aveva una certezza: Filip era stato una vittima.

«Non bastano gli errori e i cedimenti dei prigionieri dei lager e dei centri di sterminio a metterli allo stesso livello dei loro custodi, – pensò Johanna. – Solo loro, i nazisti, di qualsiasi grado e condizione sociale, persino quando hanno provato dubbi o disagio per quel che facevano, rimangono i veri colpevoli di tutto, davanti al mondo e davanti a Dio».

Quanto agli uomini delle squadre speciali, il loro comportamento «è stato obbligato: nel giro di poche settimane, come era accaduto a Filip, o mesi, le privazioni cui erano sottoposti li hanno condotti a una condizione di pura sopravvivenza, di lotta quotidiana contro la fame, il freddo, la stanchezza, le percosse, in cui lo spazio per le scelte (in specie, per le scelte morali) era ridotto a nulla».

Con questi pensieri, e un sospiro rivolto al ricordo pressante della voce e degli occhi di Filip, quasi persi nel vuoto, Johanna aprí la porta di casa e si gettò sulla poltrona, a cercare un sonno ristoratore.

Postfazione

Tra il 1942 e il 1945, per tre anni, Filip Müller, un giovane ebreo slovacco che aveva vent'anni al momento dell'arresto, visse al centro di quella che in molti hanno definito la catastrofe dell'umanità, chiamandola con diversi nomi: Olocausto, Shoah o, in lingua yiddish, Khurbn; in una parola: sterminio. Dopo la guerra, tornato alla vita, Filip cercò inutilmente di dimenticare quanto aveva visto ed era stato costretto a fare. Con il tempo trovò un lavoro a Praga, si sposò, ebbe dei figli e cominciò a raccontare la sua storia anche per fare in modo che i carnefici ancora liberi venissero puniti; per senso di giustizia, non per vendetta.

Filip Müller, che era nato a Sered', in Slovacchia, il 3 gennaio 1922, è morto all'età di novantuno anni il 9 novembre 2013, in Germania. Pochi intimi sapevano di lui e della sua nuova vita. Dopo la pubblicazione delle sue memorie alla fine degli anni Settanta, che tanto avevano colpito Primo Levi perché capaci «di cancellare quel velo ormai semileggendario che tende a sfumare i contorni della strage di Auschwitz», e l'intervista rilasciata al regista Claude Lanzmann per il suo film Shoah *(1985), Müller decise di scomparire dalla scena pubblica.*

Questo libro, basato su documenti e testimonianze, è ispirato alla sua storia.

Fonti bibliografiche

I contenuti del racconto di Filip Müller sono tratti dalle seguenti fonti:

Deposizione di Filip Müller (97mo e 98mo giorno ottobre 1964) al processo di Francoforte. Trascrizione delle domande dei giudici e degli avvocati nonché delle risposte in www.sonderkommando.info.

Langbein, Hermann, *Der Auschwitz-Prozess: Eine Dokumentation*, voll. I e II, Verlag Neue Kritik, Frankfurt a.M. 1995.

Lanzmann, Claude, *Shoah*, Einaudi, Torino 1985.

Müller, Filip, *Sonderbehandlung*, Verlag Steinhausen, München 1979.

Altre fonti bibliografiche

Auschwitz vu par les SS, a cura del Museo Statale di Auschwitz-Birkenau, Oświęcim 1994.

Barbiano di Belgiojoso, Ludovico, *Notte, Nebbia*, Hoepli, Milano 2009.

Brunetti Luzzati, Sonia e Della Rocca, Roberto, *Ebraismo*, Electa, Milano 2007.

Czech, Danuta, *Kalendarium. Gli avvenimenti del campo di concentramento di Auschwitz-Birkenau 1939-1945*, Aned/Mimesis, Milano 2006.

Gradowski, Salmen, *Sonderkommando. Diario di un crematorio di Auschwitz, 1944*, a cura di Carlo Saletti e Philippe Mesnard, Marsilio, Venezia 2002.

Greif, Gideon e Levin, Itamar, *Aufstand in Auschwitz*, Böhlau Verlag, Wien-Köln-Weimar 2015.

Gutman, Israel, *Anaschim Va-Effer* (People and Ash), Poalim Publishing House, Merhavia 1957.

Höss, Rudolf, *Comandante ad Auschwitz*, Einaudi, Torino 1960.

Klee, Ernst, *Auschwitz. Die NS-Medizin und ihre Opfer*, S. Fischer, Frankfurt a.M. 1997.

Levi, Primo, *I sommersi e i salvati*, Einaudi, Torino 1986.

Lifton, Robert Jay, *I medici nazisti*, Rizzoli, Milano 1988.

Lower, Wendy, *Le furie di Hitler. Complici, carnefici, storie dell'altra metà del Reich*, Rizzoli, Milano 2013.

Mark, Ber, *Des voix dans la nuit. La résistance juive à Auschwitz*, Plon, Paris 1982.

Nyiszli, Miklós, *Sono stato l'assistente del dottor Mengele*, Zane, Melendugno 2008.

Piper, Franciszek e Długoborski, Wacław (a cura di), *Auschwitz 1940-1945*, vol. III: *L'extermination*, Museo Statale di Auschwitz-Birkenau, Oświęcim 2011.

Pressac, Jean-Claude, *Le macchine dello sterminio*, Feltrinelli, Milano 1994.
Id., *Auschwitz: Technique and Operation of the Gas Chambers*, The Beate Klarsfeld Foundation, New York 1989.
Saletti, Carlo e Sessi, Frediano, *Visitare Auschwitz*, Marsilio, Venezia 2011.
The Seventy-First came... to Gunskirchen Lager, a cura del generale di stato maggiore americano Willard G. Wyman, Washington 1945, rapporto dell'esercito Usa sulla liberazione del lager. Anche nel sito www.remember.org.
Sessi, Frediano, *Auschwitz 1940-1945*, Rizzoli, Milano 2016.
Taylor, Telford, *Anatomia dei processi di Norimberga*, Rizzoli, Milano 1993.
Vasari, Bruno, *Mauthausen bivacco della morte*, La Fiaccola, Milano 1945.
La voce dei sommersi. Manoscritti ritrovati di membri del Sonderkommando di Auschwitz, a cura di Carlo Saletti, Marsilio, Venezia 1999.
Wachsmann, Nikolaus, *KL. Storia dei campi di concentramento nazisti*, Mondadori, Milano 2016.
Wahl, Alfred, *La seconde histoire du nazisme, dans l'Allemagne fédérale depuis 1945*, Armand Colin, Paris 2006.
Wieviorka, Annette e Laffitte, Michel, *À l'intérieur du camp de Drancy*, Perrin, Paris 2012.

INDICE

Finito di stampare nel mese di settembre 2018
per conto delle Edizioni EL
presso Puntoweb Srl, Ariccia (Roma)